Gestão Estratégica de Eventos

Dados Internacionais de Catalogação na Publicação (CIP)
(Câmara Brasileira do Livro, SP, Brasil)

Giacaglia, Maria Cecília
    Gestão estratégica de eventos / Maria Cecília
Giacaglia. – São Paulo : Cengage Learning, 2022.

    3. reimpr. da 1. ed. de 2011.
    ISBN 978-85-221-0957-9

    1. Administração de empresas 2. Eventos
especiais - Marketing 3. Eventos especiais -
Organização e administração 4. Planejamento

10-02348   CDD-658.456

Índice para catálogo sistemático:

1. Eventos empresariais : Organização :
Administração de empresas 658.456

Gestão Estratégica de Eventos

teoria • prática • casos • atividades

MARIA CECÍLIA GIACAGLIA

Austrália • Brasil • México • Cingapura • Reino Unido • Estados Unidos

Gestão estratégica de eventos

Maria Cecília Giacaglia

Gerente Editorial: Patricia La Rosa

Editora de Desenvolvimento: Gisela Carnicelli

Supervisora de Produção Editorial: Fabiana Alencar Albuquerque

Copidesque: Mariana Gonzalez

Revisão: Bel Ribeiro e Carol Tuska Yamamoto

Diagramação: PC Editorial Ltda.

Capa: Souto Crescimento de Marca

© 2011 Cengage Learning. Todos os direitos reservados.

Todos os direitos reservados. Nenhuma parte deste livro poderá ser reproduzida, sejam quais forem os meios empregados, sem a permissão, por escrito, da Editora. Aos infratores aplicam-se as sanções previstas nos artigos 102, 104, 106 e 107 da Lei nº 9.610, de 19 de fevereiro de 1998.

Para informações sobre nossos produtos, entre em contato pelo telefone **0800 11 19 39**

Para permissão de uso de material desta obra, envie seu pedido para
direitosautorais@cengage.com

© 2011 Cengage Learning. Todos os direitos reservados.

ISBN-13: 978-85-221-0957-9
ISBN-10: 85-221-0957-5

Cengage Learning
Condomínio E-Business Park
Rua Werner Siemens, 111 – Prédio 211 – Torre A – Conjunto 12
Lapa de Baixo – CEP 05069-900 – São Paulo – SP
Tel.: (11) 3665-9900 – Fax: (11) 3665-9901
SAC: 0800 11 19 39

Para suas soluções de curso e aprendizado, visite
www.cengage.com.br

Impresso no Brasil
Printed in Brazil
3. reimpr. – 2022

Dedico este livro aos meus familiares, que me propiciam condições, ambiente, apoio e incentivo para minhas empreitadas profissionais.

Ao meu marido, Ricardo, nossos filhos, Beatriz e Rafael, e minha mãe, Lia, pelo apoio e incentivo.

Dedico também às empresas e universidades que me proporcionaram desenvolvimento na carreira e aos meus alunos de pós-graduação, que contribuíram com a colocação de suas dúvidas e problemas enfrentados no dia a dia de suas atividades na área de eventos.

E, finalmente, aos profissionais que me incentivaram a publicar o "modelo" por mim criado para as consultorias realizadas.

Agradecimentos

São muitas as pessoas que contribuíram direta ou indiretamente para que este livro viesse à luz. Entre elas, cabe destacar as que me ensejaram uma sólida formação acadêmica, que me proporcionaram um arcabouço de visão geral do mundo dos negócios e de sua administração: os docentes do curso de Administração de Empresas da FEA/USP e da ESPM;

Agradeço às empresas que me contrataram, desde o estágio até a posição de diretoria, como a NEC do Brasil, a Progress, a Diveo do Brasil e o SAS, em cuja trajetória tive a oportunidade de vivenciar a organização e a evolução dos eventos, passando pelas diferentes etapas, desde a operacional até a gestão estratégica de eventos;

À Editora Cengage Learning, que prontamente acatou para publicação e prestigiou meus três livros;

Aos professores que os adotaram em seus cursos e que frequentemente os elogiam e recomendam, abrindo-me caminho para convites para lecionar e proferir palestras;

Às universidades que me convidaram para lecionar na pós-graduação de seus cursos e para proferir palestras;

Por fim, agradeço às empresas para as quais prestei consultoria e aquelas cujos *cases* ilustram o conteúdo deste livro.

Sumário

Prefácio   xi

Introdução   xiii

PARTE I – Os eventos se modificaram e assumiram novo papel estratégico nas empresas   1

1   O mundo dos eventos mudou muito nos últimos anos   3

2   O papel dos eventos na estratégia das empresas   13

PARTE II – Discutindo a estratégia da empresa e sua relação com a gestão de eventos   33

3   Posicionamento da marca   35

4   Estratégia de comunicação   47

PARTE III – Estratégia de eventos   63

5   Definição do orçamento de eventos   65

6   Definição da grade anual de eventos próprios e de terceiros   85

7   Modelo de estrutura da área de eventos   115

8   Comunicação da estratégia de eventos   133

PARTE IV – Políticas e processos para a gestão de eventos   139

9   Política de solicitação, autorização e registro de eventos   141

X   Gestão estratégica de eventos

10 Política de avaliação de resultados da gestão de eventos   151

PARTE V – Gestão de recursos humanos   181

11 Seleção, contratação e treinamento para a área de eventos   183

12 Avaliação de desempenho e sistema de recompensas   195

ANEXOS   209

Anexo I – Estudo de casos   209

Anexo II – Algumas fontes de busca da lista-base de eventos de terceiros   225

Anexo III – Algumas instituições de ensino superior e de pós-graduação que oferecem cursos ou disciplinas sobre eventos no Brasil   226

Referências bibliográficas   228

Glossário   229

Prefácio

Este é o terceiro livro da autora Maria Cecília Giacaglia sobre o mesmo tema "eventos" pela Editora Cengage Learning.

Alguém mais leigo no assunto, ou mais desatualizado, perguntaria o porquê de mais um livro sobre eventos, e da mesma autora. Porém, quem acompanha o rápido crescimento astronômico do setor, não só em termos quantitativos como também em grau de complexidade e diversidade, bem como o papel que os eventos vêm adquirindo no contexto das estratégias e do gerenciamento das empresas, perceberá o motivo desta nova obra da autora.

Enquanto o primeiro livro, *Organização de eventos: teoria e prática*, aborda aspectos operacionais, do planejamento e da organização de eventos, e por esse motivo destinou-se a quem deve planejar e executar eventos próprios ou de terceiros, seja dentro de uma empresa tradicional ou de uma empresa organizadora e promotora de eventos, o segundo, *Eventos: como criar, estruturar e captar recursos,* destina-se a empresas e profissionais que desejam criar, estruturar e vender seus projetos de eventos, tanto internamente (para seus superiores) quanto externamente (para possíveis patrocinadores, apoiadores ou parceiros).

Este terceiro livro é destinado a profissionais que já alcançaram postos de comando na área de eventos ou que desejam galgá-los. Destina-se àqueles que buscam aprimoramento de suas competências estratégicas, bem como à cúpula administrativa das empresas que venham investir em eventos, que pretendem fazê-lo ou que poderiam alavancar seus negócios partindo para a realização de eventos e criando uma gestão estratégica para eles dentro de seu organograma.

Percebendo a necessidade de atender não apenas à crescente demanda por cursos sobre eventos, como também a de dar tratamento mais profissional e de mais alto nível ao setor (via conscientização de todos os envolvidos e a formação desses profissionais), várias universidades têm procurado, se não nos conteúdos, pelo menos no diferencial dos títulos de seus cursos para a área, oferecer disciplinas com o título de gestão estratégica de eventos. Este livro também tem por finalidade atender a essa nova visão da área e as novas demandas.

Introdução

A realização de eventos, além de uma necessidade sentida pela maior parte das empresas de grande porte, tornou-se, em relativo curto espaço de tempo, um modismo, ocasionando mudanças no marketing das empresas e atraindo largo contingente de jovens para o setor. O *boom* experimentado por esse setor de negócios pegou desprevenidos não só as empresas onde a realização de eventos teve lugar, como também os cursos tradicionais de administração de empresas e de marketing, bem como aqueles mais recentes, dedicados exclusivamente a eventos.

A fim de atender a esse *boom*, a primeira e mais premente necessidade foi a de contratar ou de realocar profissionais para a realização desses eventos. Como consequência, a organização constitui-se no primeiro foco do setor de eventos das empresas. Esse movimento passou a atrair a atenção de profissionais em busca de colocação em uma área em desenvolvimento e promissora no difícil mercado de trabalho.

Muitos jovens começaram a procurar cursos específicos que os preparassem para a nova possibilidade de empregos ou de melhora nas respectivas posições nas empresas. Para atender a essa demanda, começaram a ser criados cursos de graduação, de especialização e até de pós-graduação dedicados exclusiva ou principalmente a eventos. Tais cursos, de acordo com as necessidades de então, tratavam de aspectos operacionais da organização de eventos.

Em curto espaço de tempo, entretanto, alunos que terminavam esses cursos perceberam que, para atuar no setor, que se tornava cada vez mais competitivo, havia outros requisitos e conhecimentos.

Alguns cursos, procurando atender a essa nova demanda, embora ainda reconhecendo a importância do preparo de alunos para a organização de eventos, propuseram-se a ir além. Começaram a oferecer uma formação mais diversificada e mais especializada, preocupando-se com uma necessidade sentida por profissionais da área que, embora preparados para a organização de eventos, não sabiam como criar, estruturar e captar recursos para a realizá-los.

A popularidade dos eventos e a necessidade da formação de profissionais especializados levaram a uma centralização nos eventos, dando a impressão de que estes teriam vida independente nas empresas. Como resultado, começaram a ser realizados e/ou selecionados vários eventos desvinculados dos objetivos do marketing e sem criteriosa escolha, como se o número deles fosse mais importante do que os seus objetivos e com o retorno estratégico que poderiam trazer. Faltava uma visão macro e uma estruturação do setor, isto é, uma gestão estratégica que extrapolasse a atividade para englobá-la.

Alunos que trabalhavam com eventos nas empresas perceberam, então, que para ascender na carreira já não bastavam os conteúdos dominados nos cursos. Era preciso dominar os conceitos e a aplicação de uma gestão estratégica dos eventos.

Tomando ciência das novas necessidades, várias universidades começaram a oferecer cursos que, se nem sempre no conteúdo, pelo menos nos nomes já indicavam a preocupação com o novo enfoque a ser dado para o setor. Exemplos: Universidade Católica de Goiás UCG– GO (curso Gestão Estratégica de Eventos), Universidade Anhembi Morumbi (disciplina Gestão Estratégica de Eventos Corporativos), Universidade Veiga de Almeida – RJ (curso Gestão Estratégica de Eventos); Universidade FUMEC – BH (curso Planejamento e Gestão Estratégica de Eventos); e a Universidade de Tuiuti – PR (com o curso Planejamento e Gestão Estratégica de Eventos).

Na prática, essa foi a evolução histórica dos cursos e, não por acaso, para atender às necessidades mais prementes, a autora seguiu esse desenvolvimento na publicação de seus livros.

Na qualidade de diretora de marketing de uma multinacional, que atuava fortemente no setor, a autora já empregava a gestão estratégica de eventos. Quando foi convidada a lecionar no curso de pós-graduação da Universidade Anhembi Morumbi, sentiu a necessidade de publicar um material a respeito da gestão estratégica de eventos, utilizado depois em consultorias.

Para facilidade de exposição, o conteúdo deste livro foi dividido em cinco partes. A Parte I apresenta as mudanças ocorridas nos últimos anos no setor de eventos, o seu novo papel nas estratégias das empresas e o novo perfil do gestor da área de eventos dessas empresas. Além disso, introduz o conceito e a metodologia de construção do modelo de gestão estratégica de eventos, incluindo a apresentação do fluxo de gestão estratégica e operacional.

A seguir, nas Partes II, III e IV, são analisados e amplamente discutidos os itens do modelo de gestão.

Um estudo completo sobre o posicionamento de marca da empresa e a sua estratégia de comunicação é apresentado na Parte II, constituindo as duas primeiras etapas da metodologia de construção do modelo de gestão.

O coração do modelo de gestão está apresentado na Parte III do livro e consiste na estratégia de eventos da empresa, contendo a definição do orçamento da área, da grade anual de eventos, do modelo de estrutura da área de eventos e das políticas e processos para garantir a perfeita gestão da área de eventos.

Na Parte IV do livro, é apresentado um conteúdo relacionado à gestão dos recursos humanos da área de eventos, incluindo a descrição do novo perfil do profissional, o processo de seleção, contratação e treinamento de pessoal, bem como um sistema de avaliação de desempenho e de recompensas.

Ao final do livro, a autora traz casos de empresas reais, que servem de apoio ao estudo das melhores práticas de mercado e de discussão sobre possíveis melhorias nestas e nas de atuação dos leitores. Para ter maior liberdade para discutir tanto os aspectos positivos como também os negativos (por serem mais instrutivos), a autora deixou de mencionar o nome das empresas a que se refere cada caso.

Alguns profissionais procurarão esta leitura para dar uma nova diretriz para a área em que atuam e muitos deles cursam pós-graduação para autodesenvolvimento ou reciclagem. Por esse motivo, após a apresentação teórica de cada capítulo são sugeridas atividades para pesquisa ou para reflexão para os leitores independentes. As mesmas atividades podem ser utilizadas, em sua totalidade ou parcialmente, como proposta de exercícios e temas de apresentação e discussão para alunos dos cursos de pós-graduação.

No mundo dos eventos, como ocorre hoje em boa parte das profissões, seus membros empregam jargões com desenvoltura e se comunicam por meio deles. Os jargões não são formados só por palavras correntes da própria língua, às quais é atribuído um novo significado, como também e, frequentemente, muitas vezes emprestados de línguas estrangeiras, principalmente do inglês. Como provavelmente boa parte dos alunos ainda não domina a totalidade desses termos e expressões, e como esse pode constituir um fator que dificultaria a leitura e a compreensão do texto, no final do livro encontra-se um glossário contendo tais termos utilizados no texto.

Para ilustração do modelo de gestão de eventos proposto, a autora utilizou o nome fantasia *By the Way* para uma empresa fictícia à qual ela aplica o modelo.

PARTE I

Os eventos se modificaram e assumiram novo papel estratégico nas empresas

1

O mundo dos eventos mudou muito nos últimos anos

A história dos eventos, quando comparada à do setor industrial no Brasil, é bastante recente. Desde o primeiro evento oficial, a Fenit – Feira Nacional da Indústria Têxtil, realizada em 1958, apenas cerca de cinco décadas se passaram, e tal evento não teve finalidade comercial. Se levada em conta esta particularidade, a história torna-se ainda mais recente, com seu marco inicial na década de 1990. Entretanto, qualquer pessoa que tenha acompanhado o desenrolar desta história nesse curto espaço de tempo, principalmente nos últimos anos, certamente terá notado:

- um crescimento astronômico em números do setor;
- um crescente grau em termos de complexidade que, ao que tudo indica, continuará a crescer;
- o surgimento de novas modalidades de eventos, principalmente ligadas à utilização da Internet.

A seguir é apresentada uma rápida visão numérica da situação atual do setor de eventos no Brasil. Vale lembrar que os números tendem a ser bem maiores, já que o levantamento foi feito considerando apenas os eventos ditos "oficiais", isto é, aqueles catalogados nos diversos sistemas e bases de dados de instituições e associações brasileiras formais.

Os números impressionam e levam a uma fase de euforia geral no setor

Um levantamento realizado, que considerava apenas os eventos "oficiais" no Brasil, indicou que:

- mais de 400 mil eventos são realizados anualmente, o que dá uma média aproximada de 33 mil por mês e cerca de 1.100 por dia, seja no formato de congresso, feira, convenção, exposição, treinamento, via Internet, entre outros;
- o setor apresenta crescimento médio de 7% ao ano, o que significa, aproximadamente, um aumento anual de cerca de 28 mil novos eventos;
- eventos são responsáveis hoje por 65% da ocupação da rede hoteleira;
- valores monetários da ordem de 45 bilhões de reais são movimentados por ano neste setor, o que representa mais de 3% de todo o PIB nacional;
- nos mais de 1.780 espaços dedicados à realização de eventos no Brasil circulam, em média, 79,9 milhões de participantes por ano;
- eventos podem representar até 40% do orçamento de comunicação de uma empresa, competindo de igual para igual com os demais orçamentos.

Como decorrência desse rápido crescimento do setor, ocorreu uma euforia generalizada em relação aos eventos. Todos queriam promover e/ou organizá-los.

Além de ter havido considerável aumento no número de eventos promovidos pelas tradicionais empresas do setor, a elas vieram unir-se novas agências dedicadas exclusivamente a tal atividade. Editoras e empresas de mídia, como a ITMidia e a Editora Abril, paralelamente às suas atividades precípuas, passaram também a promover eventos, muitas vezes privilegiando a promoção destes em relação às suas atividades. Da mesma forma, agências de publicidade, que a princípio se dedicavam primordialmente à publicidade e propaganda, abriram setores ou unidades com a finalidade de organizar eventos. Como exemplos podemos citar as mega-agências Fischer América e Ogilvy, que abriram unidades especializadas para atender seus clientes também neste segmento.

Os efeitos do rápido crescimento e da euforia excessiva do setor de eventos

Diante de tamanha euforia, e com um cenário tão favorável, a organização de eventos passou a ser considerada oficialmente uma nova profissão. Esta, entretanto, nos seus primórdios, constituía "terra de ninguém" ou "de todos". Pessoas com as mais diferentes formações acadêmicas, e até sem nenhuma delas, pensaram ter achado um nicho promissor de oportunidades de emprego. Havia, entretanto, consenso de que se tratava de uma profissão de amadores, já que não existia preparação acadêmica específica para esta habilitação. Além disso, o rápido desenvolvimento do setor pegou os cursos superiores de surpresa, e não se podia esperar, pelo menos, os quatro anos necessários para se formar alunos nessa especialidade.

Todo e qualquer crescimento exagerado, em curto espaço de tempo, em qualquer área, necessita de planejamento e organização. Quando, por exemplo, os Estados Unidos assistiram ao grande *baby boom* pós-Segunda Guerra Mundial, com mais de 79 milhões de bebês nascidos em menos de duas décadas, muitos alertavam sobre as possíveis consequências de um crescimento populacional desta ordem para o desenvolvimento do país. Em 1948, a revista *Newsweek*, maior publicação americana da época, retratou essa preocupação em um artigo quando afirmou: "um crescimento dessas proporções requer planejamento [...] casas devem ser construídas, ruas devem ser pavimentadas, sistemas elétricos, de abastecimento de água, devem ser aumentados [...]".

Não foi o que se verificou no setor de eventos. Diante de um crescimento tão rápido e desordenado, o setor sofreu vários efeitos negativos, muitos presentes até hoje. Alguns deles referem-se:

- ♦ à característica amadorística dos "novos profissionais", causando, muitas vezes, eventos de má qualidade, que deixavam muito a desejar, geravam descrédito, não só com relação aos profissionais como também aos próprios eventos;

- ♦ aos recursos tecnológicos e de infraestrutura, que eram escassos e desatualizados; muitos deles tinham de ser improvisados para possibilitar a realização dos eventos;

- ao número excessivo de eventos (muitas vezes sobre o mesmo tema, e até ocorridos simultaneamente ou com grande frequência), que começou a atrair uma quantidade cada vez menor de participantes. Já não havia mais público garantido para todo e qualquer evento, independente de sua qualidade, como ocorria nos seus primórdios, quando constituíam acontecimentos novos e esporádicos e, portanto, despertavam a curiosidade do público;
- às empresas, que passaram a receber um grande número de propostas para patrocinar eventos, chegando, às vezes, a mais de quinze por mês. Como a verba para esse tipo de patrocínio era normalmente bastante limitada, as exigências, como se esperava, aumentaram muito, e não havia mais lugar para eventos de parcos resultados.

Os números do setor e os efeitos por eles gerados indicaram a necessidade de um novo estudo do papel dos eventos nas empresas e da atuação dos profissionais do setor.

Novas exigências para o setor de eventos: mudanças no comportamento de consumo

Não só mudanças de natureza quantitativa (e suas consequências) ocorreram no setor, mas várias outras, de natureza qualitativa, relacionadas principalmente às mudanças no comportamento de consumo dos brasileiros ocorridas nas últimas décadas.

Conhecer e acompanhar o que mudou, o que está mudando e as novas tendências de consumo são essenciais para que o organizador de eventos possa se adequar às novas exigências do setor. Esse é um exercício que deve ser realizado continuamente, já que as mudanças ocorrem com velocidade cada vez maior. As principais mudanças e suas implicações para o setor serão descritas a seguir.

Compra de diferencial

Consumidores cada vez mais exigentes e seletivos obrigaram as empresas a repensar seus produtos e serviços e a encontrar novas formas e fórmulas quase matemáticas de se diferenciar de seus concorrentes. Antes, o que era um produto exclusivo de determinada empresa passou a ser oferta "comum", ou, como se denomina no ambiente empresarial, *commodities*. Assim, inúmeros produtos com a mesma função e mínima diferenciação entre eles fizeram que outros critérios de compras, como serviços e atendimento e visibilidade no mercado, passassem a ser considerados como prioritários.

Para o setor de eventos, tal mudança foi fundamental. Hoje, quando uma empresa pensa em participar de um evento como forma de apresentar seus produtos e serviços, já não considera apenas a exposição da marca como objetivo primordial. Se antes a marca trazia referências aos produtos, hoje ela deve trazer referências ao diferencial da empresa em relação à concorrência, o que não se consegue mais apenas com logomarcas e belas recepcionistas. É preciso diferenciar-se também na forma e no conteúdo da participação no evento. É necessário, entre outras preocupações, pensar em maneiras diferenciadas de apresentar um conteúdo realmente essencial, promover contato com clientes e potenciais clientes e pensar no pós-evento como forma de perpetuar esses relacionamentos então iniciados. Muitos eventos, principalmente feiras, caíram no esquecimento devido justamente à falta de inovação no conteúdo e na forma, e pela impossibilidade de seus patrocinadores diferenciarem-se uns dos outros.

Compra entre amigos

Antigamente, as compras eram feitas de forma racional e formal. Informações sobre produtos e serviços eram transmitidas de forma indireta e sem contato pessoal com os consumidores, muitas vezes por comerciais de televisão. Não era, portanto, essencial o relacionamento entre comprador e vendedor. Hoje, e cada vez mais, vendas e compras são operações realizadas entre "amigos", ou seja, consumidores buscam indicações de produtos e serviços dentro de sua *network* pessoal ou profissional.

Atualmente, informações vindas de forma indireta, como por meio de comerciais, anúncios, folhetos, entre outros, já não recebem os mesmos créditos de antes e precisam ser validados e até "fiados" por conhecidos, amigos, parentes ou outras pessoas próximas. Essa tendência encontra-se ainda mais presente no mercado corporativo, em que profissionais responsáveis pela aquisição de quaisquer produtos ou serviços de terceiros preferem aqueles vendidos por pessoas de seu contato pessoal. Assim, por exemplo, um exe-

8   Gestão estratégica de eventos

cutivo que procura uma agência de propaganda irá, provavelmente, contratar aquela cujo dono é seu "companheiro de golfe" ou seu colega de curso de mestrado na universidade.

A maior implicação dessa mudança de comportamento de consumo no setor de eventos está relacionada ao surgimento e à grande importância de um novo tipo de evento no mercado: o evento de relacionamento. Se antigamente a verba das empresas era alocada prioritariamente para eventos cujo objetivo era exclusivamente o da exposição da marca, atualmente há uma melhor distribuição entre objetivos de exposição, de geração de negócios e de relacionamento.

No mercado corporativo, por exemplo, é possível encontrar empresas que investem mais de 40% de seu orçamento em eventos de relacionamento, nos quais esperam iniciar relações com clientes que resultem em negócios entre amigos. É o caso daqueles promovidos por João Dória, denominados *Leading*. A proposta é bastante interessante, e o resultado altamente eficaz. Em um ambiente descontraído, normalmente um hotel em uma ilha paradisíaca, no qual o mais importante é o relacionamento e a discussão sobre os rumos da economia brasileira entre presidentes de empresas, pode-se ver ocorrer negócios durante uma partida de tênis ou um jantar.

Compra segmentada

A mesma exigência que levou o consumidor a buscar diferenciais no produto ou na empresa que o vende, fê-lo também um comprador menos genérico e mais segmentado. Na hora da compra, ele sabe exatamente o que procura, e ao ouvir ofertas deseja que sejam as mais específicas possíveis, e que se enquadrem perfeitamente em suas exigências. Não há mais tempo nem paciência para afunilar várias propostas genéricas até chegar àquela esperada. É uma questão de foco, termo utilizado em quase todas as reuniões entre empresários e dentro das empresas.

No setor de eventos, muita coisa mudou em relação à segmentação. Antes era possível ir a uma única feira de informática, por exemplo, e encontrar expositores dos mais diversos setores e portes, muitas vezes nada ou muito pouco relacionados entre si.

Via-se desde uma megaempresa de telecomunicações para o mercado corporativo até uma microempresa de montagem de computadores que atendia exclusivamente pessoas físicas. Se um consumidor tivesse interesse em adquirir um *software* específico para sua empresa, percorreria dezenas de estandes até conseguir juntar informações de umas poucas empresas que fornecessem esse sistema. E, no caminho, cruzaria com estudantes, empresários, executivos de grandes empresas, estagiários de pequenas empresas, curiosos ou frequentadores cujo único objetivo era o de coletar folhetos e ganhar brindes.

Como hoje o consumidor compra de forma segmentada, os eventos tiveram que se adaptar e passar a oferecer conteúdo também altamente segmentado para públicos extremamente selecionados. As feiras genéricas, em que se apresentava de tudo para todos, ou deixaram de existir ou tiveram seu formato alterado, como foi o caso da Fenasoft. Surgiram outras que se propuseram a apresentar pouco, porém o essencial para um público alta e diretamente interessado. Como consequência, logo o mercado percebeu que seria mais vantajoso ter eventos segmentados, em que fornecedores apresentavam suas propostas para reais interessados, e clientes encontrariam, em um único espaço, todo o conteúdo diretamente relacionado ao seu interesse.

Novas maneiras de avaliar resultados de eventos

Foi a partir da segmentação que se começou a questionar a forma como as empresas estavam avaliando os resultados de sua participação em determinado evento, ou como um promotor avaliava os resultados de seu evento para o público patrocinador. Logo percebeu-se que cifras grandiosas, como número de participantes ou de fichas cadastrais arrecadadas pelas recepcionistas ou time de vendas, não eram suficientes para responder se houvera ou não sucesso. Esses números sempre encobriam uma dura realidade: a de que, depois de se gastar dias analisando e cadastrando cada convidado, apenas pequeno percentual de tudo o que estava ali era relevante para a empresa.

Novas fontes de informação

Quando um consumidor pensa em adquirir determinado produto ou serviço, a primeira providência que ele deve tomar é pesquisar. Isso significa, às vezes, horas ou mesmo dias em busca da melhor oferta em termos de preço, qualidade, serviços etc. Antes, as fontes de pesquisa eram bem mais limitadas do que são hoje, demandando muito mais tempo e recursos. Além disso, o que se

10 Gestão estratégica de eventos

obtinha era, muitas vezes, desatualizado e ultrapassado. Era preciso recorrer a inúmeros telefonemas, visitas e bancas de jornal para encontrar a informação desejada. Nesse mesmo período, o Brasil sofria com os atrasos resultantes do fechamento de mercado. Um dos únicos lugares onde era possível conhecer tendências e lançamentos eram as feiras. Mesmo assim, muitas das novidades não eram passíveis de comercialização.

Com a globalização, a partir da década de 1990, esse cenário sofreu uma imensa reviravolta. As novidades, que antes demoravam até meses para chegar ao Brasil, agora têm seus lançamentos ocorrendo simultaneamente no mundo todo. Além disso, veio a Internet. Hoje é possível buscar informações atuais, como novidades tecnológicas e últimos lançamentos na área de saúde, com um clique. Basta acessar qualquer sistema de busca. Com tudo isso, os consumidores passaram a perder o interesse por esses eventos. Como resultado, muitas feiras perderam seu *glamour* e seu papel. Aquelas que permaneceram souberam aliar ao espaço de exposição dois outros componentes fundamentais para atrair consumidores: conteúdo atual e enriquecedor, por meio de congressos e seminários paralelos à feira; e ações de relacionamento, com a promoção de encontros e reuniões entre clientes e fornecedores.

Menos tempo para comprar

Menos tempo para tudo. Essa é, na verdade, a grande dificuldade das pessoas que vivem nas grandes cidades. Problemas de trânsito que consomem horas do dia de um potencial consumidor, ou a falta de segurança, que o inibe de circular livremente pelas ruas, ou uma maior cobrança ou mesmo desejo de conviver mais tempo com a família ou, por fim, até certo comodismo resultam em uma mudança na forma e no tempo de consumo das pessoas. Hoje compra-se mais pela Internet, e aos domingos; gasta-se menos tempo pesquisando fora de casa o que se deseja comprar. No mercado corporativo, recebe-se mais visitas de fornecedores dentro da empresa do que se sai em busca destes.

O efeito dessa tendência sobre o mercado de eventos é a maior dificuldade em se conseguir atrair público e, consequentemente, uma redução considerável no número de participantes de eventos tradicionais. Apenas como exemplo, se antes se convidavam mil pessoas para garantir a presença de pelo menos 200, de acordo com uma taxa teórica e usualmente esperada de 20%, hoje é preciso, às vezes, convidar até 5 mil pessoas para obter o mesmo número de participantes, a uma nova taxa de sucesso de 4% . É claro que esse resultado depende de uma série de fatores, como diferencial do evento, qualidade da base de dados de convidados, conteúdo adequado ao público-alvo, entre outros. Entretanto, mesmo em igualdade de condições, as taxas de retorno decaíram consideravelmente.

Maior pressão por resultados

O aumento da concorrência em todos os setores do mercado fez que as empresas repensassem uma série de fatores de sua operação, como custos e estrutura. Como resultado, as empresas estão cada vez mais enxutas, com estruturas menores e mais carregadas de trabalho. Além disso, a pressão para gerar resultados cada vez maiores, com custos cada vez menores, fez que os departamentos reestruturassem seus orçamentos e adotassem mecanismos mais rigorosos e eficazes de avaliação dos resultados de cada um dos seus investimentos.

Com esse novo cenário, os promotores de eventos também tiveram de se adaptar. Foi preciso que criassem mecanismos eficazes de mensuração de resultados para seus projetos e comprovassem aos seus patrocinadores que estes gerariam não apenas resultados qualitativos, mas também financeiramente quantificáveis.

Como consequência, apareceram, ou foram priorizados, diferentes tipos de eventos, e as feiras sofreram grandes modificações. Antes, com papel primordialmente institucional, este também teve de ser repensado. Se antes eram tidas como as únicas capazes de expor a marca de empresas aos seus clientes, hoje cedem lugar a outros tipos de eventos, como os *megashows*, os eventos sociais, culturais e esportivos. Feiras passaram a ter outro papel, ainda mais importante atualmente para as empresas. Hoje elas estão se tornando ambientes de negócios segmentados. Se antes as empresas participavam de feiras com objetivo estrita ou prioritariamente institucional, hoje devem apresentar como resultado dessa participação resultados financeiros, ou seja, de negócios gerados no curto e no médio espaços de tempo.

ATIVIDADES

1. Eleja, junto aos seus colegas, dois setores da indústria. Pesquise todos os eventos disponíveis ao longo do ano e verifique se a quantidade lhe parece adequada ou acima do razoável.

2. Pergunte a três diretores de marketing de diferentes empresas como se dá o processo de escolha de eventos a serem patrocinados por eles. Procure identificar se, dentro deste processo, é possível verificar a influência de pelo menos uma das mudanças apresentadas neste capítulo.

3. Escolha um evento do qual você tenha bastante conhecimento. Comparando-o com os concorrentes, qual o seu diferencial?

4. Identifique três grandes feiras que passaram por mudanças nos últimos anos para torná-las mais segmentadas. Quais foram essas mudanças?

5. Quais das mudanças arroladas no capítulo mudaram ou mudarão sua visão em relação a eventos? Por quê?

6. Você conhece ou ouviu falar de algum *case* de venda de patrocínio de evento por relacionamento?

2

O papel dos eventos na estratégia das empresas

Quando o evento é um sucesso, é fácil encontrar seu responsável. Muitos creditam os méritos para si. Entretanto, quando um evento resultou em um fracasso, ou quase, torna-se difícil apontar os responsáveis. Quem são eles? O que e em que ponto deu errado? Nesta hora, costuma-se procurar as causas na organização ou na formatação do evento. Em um momento quase de acareação, o cliente aponta falhas na execução do evento e o organizador, por sua vez, relembra todas as decisões ou até indecisões do cliente para que as ações fossem executadas daquela forma. Mas, afinal, de quem é a culpa?

Para responder a esta questão é preciso primeiro entender de onde nasce um evento e por que uma empresa decide executá-lo ou dele participar. É bastante comum, quando questionados, os responsáveis pelo evento darem vários motivos para isso, como:

- a empresa sempre participou das edições anteriores do evento, e agora não poderá ficar de fora, a fim de evitar passar ao mercado a imagem de que "as coisas não vão bem";
- todos, ou grande parte dos concorrentes, estarão presentes no evento. Por isso, é imprescindível a participação da empresa para não deixar seus clientes "livres" para a concorrência;
- o promotor do evento está pressionando a empresa para que participe do evento e, para garantir sua participação, concederá um excelente desconto, além de outras condições especiais;

14 Gestão estratégica de eventos

- caso não participe do evento, a empresa "perderá" a verba oferecida pela matriz mundial já previamente destinada especificamente a ele.

Todas essas razões, em conjunto ou separadamente, já foram muito usadas no passado. Mas, com as mudanças ocorridas no mundo dos negócios e com a concorrência cada vez maior, pode-se dizer que continuam válidas, por ser ainda, muitas vezes, encontradas nas empresas? Tudo depende dos objetivos de cada empresa que realizará ou patrocinará o evento em questão. Como os objetivos mudaram, as razões para a realização de eventos devem ser repensadas, o que acarreta toda uma nova política estratégica para o setor.

Eventos como meio ou como fim?

Normalmente, todos esses motivos citados nada ou pouco têm a ver ou estão vinculados à estratégia de comunicação da empresa ou ao posicionamento de marca desejado no longo prazo, pois cada um deles é analisado de forma individualizada, sem considerar a grade completa de eventos e sua relação com esse conjunto. Quando a empresa participa ou organiza eventos sob esses preceitos, diz-se que os considera como uma atividade-fim.

As consequências desse tratamento são sempre danosas à empresa, bem como à gestão da área de eventos.

Em primeiro lugar, torna-se mais difícil avaliar se houve ou não sucesso, já que os resultados terminam quando o evento termina. E, caso a empresa decida recorrer a terceiros para executá-lo, dificilmente terá resultados positivos, já que sem informações estratégicas o *briefing* será limitado, assim como o entendimento da agência a respeito dos reais motivos estratégicos para o cliente.

Como foi visto no capítulo anterior, atualmente, além da exposição da marca, há outros objetivos que estão se tornando mais importantes, como relacionamento e geração de negócios. Esses novos objetivos fizeram dos eventos uma atividade essencial na estratégia das empresas, já que os incluem no rol de ações dirigidas diretamente à obtenção de receita.

Neste caso, a empresa passa a entender o papel dos eventos como um meio para se alcançar seus resultados estratégicos. E, com esse novo cenário, as empresas estão percebendo a necessidade de estabelecer critérios mais objetivos e abrangentes para avaliar os resultados efetivos e de longo prazo para sua eventual participação. A partir desse tipo de avaliação, deverão ser tomadas as decisões para patrocinar ou participar de cada evento.

A seguir são apresentadas as diferenças entre empresas e organizadores que tratam os eventos como uma *atividade-fim* daqueles que o tratam como uma *atividade-meio*.

Tabela 2.1 *Comparação entre eventos como atividade-fim e como atividade-meio*

Atividade-fim	Atividade-meio
Escolha de eventos sem critérios estratégicos.	Escolha de eventos relacionados à estratégia de comunicação.
Organizadores com conhecimento limitado ao operacional da área de eventos.	Organizadores com conhecimento, além do operacional, também da estratégia da empresa.
Análise de resultados considerando o médio e o longo prazos.	Análise de resultados considerando o curto prazo.
Análise de resultados individuais.	Análise de resultados considerando a estratégia de comunicação.
Despreocupação com o pós-venda.	Planejamento de ações de pós-venda.
Decisões dos eventos nas mãos exclusivamente da área de eventos.	Engajamento das estruturas responsáveis por geração de receita nas decisões dos eventos.

Quem trabalha em empresa e se dedica ou participa de eventos percebe que, para acompanhar as mudanças e a evolução, os eventos, ao contrário do que acontecia quando eram comerciais e ainda novidade, não devem mais ser empreendimentos realizados por amadores. O que muitos não perceberam ainda é que, da mesma forma, os eventos na atualidade não devem ser realizados por profissionais que atuam de forma independente, isto é, desvinculados de uma estratégia empresarial.

Qual deve ser a estratégia? De acordo com ela, qual o procedimento correto para a escolha dos eventos de que uma empresa deverá participar ou organizar? Como avaliar o sucesso das escolhas feitas? Para responder a estas questões, foi organizado um esquema que demonstra o fluxo de gestão de eventos, desde a gestão estratégica até a operacional.

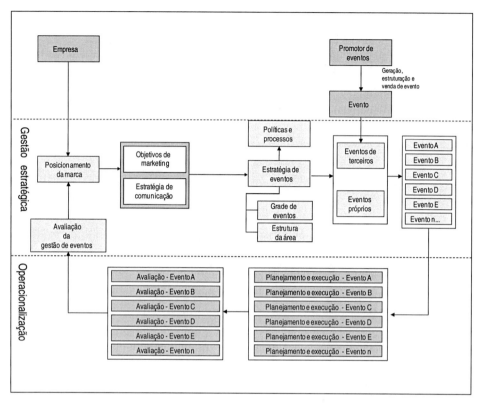

Figura 2.1 *Fluxo da gestão estratégica e operacional de eventos*

Como o fluxo apresentado indica, o primeiro passo da gestão estratégica de uma empresa consiste no entendimento e na análise do seu **posicionamento da marca**, isto é, a percepção e o conceito que os clientes e o mercado têm com relação à empresa e seus produtos ou serviços em comparação com a concorrência.

Após a análise preliminar do posicionamento da marca, as empresas definem **objetivos de marketing** e decidem as estratégias e ações táticas para alcançar melhor posicionamento da marca ou de seus produtos. Entre essas está a **estratégia de comunicação**, segundo passo do fluxo de gestão estratégica de eventos. Ela é responsável por estabelecer qual será o *mix* de ferramentas de comunicação adotado pela empresa e a divisão do orçamento para cada uma dessas ferramentas. O *mix* de comunicação engloba ações de propaganda, publicidade, vendas pessoais e promoções de vendas.

Como foi discutido no Capítulo 1 do livro *Organização de Eventos : teoria e prática*, desta autora, apesar das divergências de opiniões sobre em qual dessas ferramentas os eventos se enquadram, eles podem ser considerados hoje como um dos grandes componentes do *mix* de comunicação.

Compreender aonde a empresa deseja chegar em termos de posicionamento e qual será sua estratégia de marketing e de comunicação são fundamentais para que o responsável pela gestão de eventos possa estabelecer seu papel e o da área neste contexto, definindo suas **estratégias de eventos**, o próximo passo do fluxo. Isto significa estabelecer o orçamento e a divisão da verba entre itens, como:

- objetivos de comunicação;
- público-alvo;
- tipo de participação;
- abrangência e categorias;
- áreas de negócios;
- estrutura da área;
- grade de eventos.

Somente após essas decisões terem sido tomadas, a empresa estará apta a ouvir e analisar propostas de eventos de terceiros e a definir seus próprios eventos, a fim de elaborar uma grade anual. Das estratégias de eventos nascem os **processos e políticas**, responsáveis pelo bom andamento e pela perpetuação dessas estratégias.

A operacionalização e a execução de cada um dos eventos constantes da grade anual aumentarão as chances de sucesso, já que foram originadas de uma gestão estratégica por parte do responsável por eventos.

Por fim, é possível avaliar de forma mais eficaz e com maior objetividade os resultados de cada evento e a eficiência da **gestão de eventos** como um todo. Uma avaliação eficaz retroalimenta e aperfeiçoa todo o processo.

A gestão estratégica de eventos não trata, de forma isolada, do planejamento e da organização de cada evento, mas sim do conjunto de eventos organizados ou patrocinados pela empresa. Como consequência, profissionais da área costumam expressar algumas dúvidas, que serão apresentadas a seguir:

18 Gestão estratégica de eventos

De quais eventos devo participar, realizar e/ou patrocinar ao longo do ano?

Se por um lado as empresas criadoras de eventos têm dificuldade em vender suas ideias a potenciais patrocinadores, por outro, gestores da área de eventos têm, senão maior, igual dificuldade em selecionar quais eventos devem participar. Grandes e médias empresas recebem dezenas de propostas por mês, na maioria das vezes todas igualmente interessantes, para patrocinar eventos. Em paralelo, devem decidir quantos e de que forma realizarão seus próprios eventos. Ainda há aqueles eventos de que a empresa participa como palestrante, congressista, e assim por diante.

Para responder a esta questão é preciso enxergar além da elaboração de uma grade anual de eventos. Apesar de muito importante, ela é apenas a ponta de um *iceberg*, resultado de uma série de análises e considerações estratégicas da empresa.

De que forma devo participar dos eventos escolhidos?

Além da dificuldade de escolher entre tantos eventos, sejam eles próprios ou de terceiros, os gestores preocupam-se com seu formato. São colocadas perguntas do tipo:

- como deve ser o estande? Aberto, para que permita a visitação em massa, ou mais restrito, para dar maior atenção aos clientes?
- como deve ser o perfil das recepcionistas? Técnico e com condições de apresentar os produtos, ou sem este domínio, apenas para direcionar os convidados dentro do estande?
- qual o perfil do palestrante? Será um profissional que apresenta conteúdo técnico específico ou alguém conhecido por seu conteúdo motivacional?

Estes são apenas alguns exemplos de dúvidas que costumam aparecer na hora de planejar cada evento. Além disso, a busca por um diferencial em cada participação é uma preocupação constante, já que esta tem relação direta com a avaliação dos visitantes e, consequentemente, com os resultados do evento.

Qual o melhor desenho de estrutura organizacional para a área de eventos da empresa?

Empresas adotam diferentes estruturas para atender a diferentes objetivos e prioridades com a atividade "eventos". Escolher a melhor delas não é tarefa simples, pois a organização de um evento envolve tanto os profissionais da área como sua interação e um trabalho cooperado com outras áreas ou departamentos da empresa.

Qual a melhor opção: contratar uma agência de eventos ou utilizar estrutura própria para realizar ou participar de eventos?

Este tipo de pergunta é comum entre gestores de eventos. Essa é uma decisão totalmente relacionada à estrutura organizacional escolhida e à cultura da empresa em relação à terceirização de serviços.

Como definir o orçamento para os eventos e como distribuí-lo entre as várias unidades de negócios ou áreas da empresa?

Existem várias metodologias para definir o orçamento da área de eventos, cada qual mais adequada à realidade e à situação da empresa. A escolha depende de critérios a serem analisados pela gestão da empresa. Quando ela é segmentada por unidades de negócios, com estrutura própria para cada uma, é preciso ter coerência e metodologia definida para distribuir o orçamento de eventos. A grande dificuldade em fazê-lo está justamente no fato de o gestor não possuir, normalmente, as informações necessárias para justificar a distribuição da verba. O que ocorre, na grande maioria dos casos, é uma pressão por parte de cada gerente de unidade para receber maior verba para seus eventos. Mais conhecimento dá segurança ao gestor para resistir e não sucumbir diante de pressões que não se justificam.

Como controlar e estabelecer processos para a área de eventos?

Para que uma estratégia seja implementada com sucesso é preciso estabelecer políticas e processos para sua execução.

Apesar da primorosa estratégia e da boa vontade do gestor em fazer o evento acontecer, é neste item que muitos falham. Por não definirem regras e políticas da operação e não envolverem todos por meio de uma comunicação

20   Gestão estratégica de eventos

clara e abrangente, não conseguem uniformidade, por exemplo, nos mecanismos de solicitação e autorização de eventos e de registro. Normalmente, o que ocorre é que cada área de negócio adota uma política e um processo diferentes. Enquanto uma área solicita a participação em determinado evento poucos dias antes de sua realização, outra o faz com meses de antecedência; enquanto uma envia um e-mail com toda a descrição do evento e todas as informações necessárias para tal, a outra o faz por meio de um rápido telefonema. O gestor de eventos, responsável pela condução da área e pela consolidação das informações, não consegue unificar tudo em um processo único.

Como avaliar os resultados da participação da empresa em cada evento?

Uma das maiores dificuldades dos gestores de eventos é avaliar resultados. Essa dificuldade ocorre porque as empresas normalmente não estabelecem previamente objetivos para a participação em eventos. E, como não há objetivos, não é possível comparar resultados obtidos com os esperados. Além disso, costuma-se avaliar eventos de forma extremamente simplista e limitada, sem considerar o papel que cada um deles tem nos resultados estratégicos da empresa.

Como avaliar os resultados da área de eventos?

Se não é possível avaliar os resultados individuais de cada evento e se não há processos e políticas para a gestão da área, dificilmente será possível avaliar se essa gestão está ou não sendo eficiente em seu trabalho. Essa avaliação passa a ser executada sob critérios subjetivos, como pesquisas de opinião ou até pareceres da gerência da empresa.

Como gerir financeiramente a área de eventos?

Se perguntarmos a cem empresas quanto elas investem em marketing por ano, obteremos respostas exatas em sua grande maioria. Se, entretanto, a elas perguntarmos quanto gastam com eventos e de que forma o fazem, teremos um número muito reduzido de respostas exatas. Isso ocorre porque a maioria das empresas não estabelece centros de custos específicos e independentes para esta atividade. Os gastos com eventos são incluídos em outras linhas de despesas, como promoções, propaganda e outros. Como não existem dados específicos para eventos, torna-se difícil sua gestão financeira.

Como gerir os recursos humanos da área de eventos?

A profissão de organizador de eventos é recente, e os profissionais especializados são escassos. Além disso, é de alta pressão emocional e ainda pouco valorizada no mercado. Encontrar e manter bons profissionais motivados são duas das tarefas mais complexas do gestor da área.

A formação de novos gestores estratégicos de eventos

É compreensível, em razão da história dos eventos comerciais ser recente, que os primeiros cursos para a formação de profissionais tenham sido planejados e organizados rapidamente e com a finalidade de suprir o mercado o mais rápido possível com profissionais razoavelmente preparados para a organização de eventos.

Entretanto, graças à sofisticação, novas exigências do setor e concorrência do mercado, tanto as pessoas que se interessavam pela nova profissão como os cursos tiveram de buscar diferenciais. E assim surgiram cursos de pós-graduação em eventos.

Apesar da criação desses cursos, tanto de graduação quanto de pós-graduação, e da grande evolução ocorrida no setor, as escolas continuaram a preparar seus alunos focando apenas os aspectos operacionais. A bibliografia recomendada nesses cursos também segue esta diretriz, pois não há na literatura livro que trate de gerir estrategicamente a área de eventos.

A falta de base sólida em administração geral e a inexperiência empresarial de muitos jovens que entraram no mundo do trabalho via organização de eventos também dificultam a visão mais globalizada e, consequentemente, a gestão estratégica para o setor de eventos.

Além dos cursos que propõem a formação de pessoal para trabalhar na área de eventos de empresas, há outros destinados à formação de empreendedores.

Existe um grande questionamento entre profissionais da área que não é atendido por curso ou literatura especializada, isto é: como gerir de forma eficiente a área de eventos de uma empresa, seja ela organizadora, promotora ou patrocinadora de eventos? Como consequência, e além da formação em nível de pós-graduação, torna-se necessária a definição de um novo perfil para o gestor de eventos.

A nova formação e o novo perfil do gestor de eventos

Embora muitos organizadores de eventos com excepcionais capacidades técnicas possam ter se tornado, um dia, bons gestores de eventos, a realidade atual mostra que o talento técnico por si só já não é mais suficiente. Na área de eventos já se sabe que o melhor organizador de eventos nem sempre será o melhor gestor da área. É necessário muito mais do que ter habilidades técnicas. É necessário saber planejar, organizar e controlar e, durante todo esse processo, saber liderar e lidar com diversos profissionais, de diversas áreas e níveis da empresa.

A seguir, são apresentadas as habilidades, além de técnicas, que o gestor de eventos deve ter para garantir tanto o seu sucesso profissional quanto o de sua área. São elas: ter visão estratégica; saber trabalhar sob pressão; saber lidar com problemas; saber lidar e liderar times com perfis diferentes.

a) *Ter visão estratégica*

Para responder às questões já levantadas com relação às principais dúvidas de um gestor de eventos, é necessário, além de um planejamento rigoroso, ter uma visão do negócio da empresa. Profissionais que se restringem à organização de um ou mais eventos sem compreender o negócio como um todo, com seus principais índices, preocupações, metas e objetivos e, com isso, sem conseguir relacionar todo esse contexto com os eventos, além de limitar seus resultados, limitam também sua participação e consequente carreira dentro daquela empresa. Aqueles que saem dos bastidores da execução dos eventos e atuam de forma estratégica são capazes de despertar a atenção da alta gerência e são chamados a participar de outras decisões, além daquelas relacionadas a eventos. Para esses profissionais, a utilização de um modelo de gestão de eventos, utilizando-se de metodologia específica, é ferramenta primordial e útil de planejamento profissional e de crescimento pessoal na carreira.

Veja a seguir um quadro de comparação entre um profissional com visão estratégica (e maiores chances de crescimento na carreira) e outro, operacional (preocupado apenas com seu papel de executor de eventos). Vale lembrar que o quadro também pode ser aplicado para profissionais de agência de eventos que, ao receber um *briefing* do cliente, se portam de uma ou de outra forma.

Tabela 2.2 *Comparativo entre profissional com visão estratégica e com visão operacional*

Profissional com visão operacional	Profissional com visão estratégica
Limita-se à organização de cada evento. Vê o evento como uma obrigação.	Organiza o evento, mas o enxerga como uma oportunidade de se relacionar com a direção da empresa e o mercado. Buscar infiltrar-se nas discussões estratégicas.
Faz o evento sem perguntar nada.	Quer sempre entender o porquê daquele evento e seu papel estratégico para a empresa antes de partir para sua execução.
Se questionado, não consegue responder a nenhuma questão sobre a empresa, como faturamento anual e metas de receita.	Estuda a fundo o negócio da empresa, conhecendo seus números, índices, metas e objetivos.
Vê o evento como uma atividade-fim, capaz de gerar apenas resultados de curto prazo.	Vê o evento como uma atividade-meio para se alcançar resultados de médio e longo prazos.
Acredita que o evento tem papel fundamentalmente institucional.	Procura fazer do evento uma ferramenta que gere negócios e promova o relacionamento, além da divulgação da marca.
Não consegue ou não tenta enxergar a relação entre o evento e as demais ferramentas de comunicação das empresas.	Sabe que o evento está diretamente relacionado à estratégia de comunicação da empresa e que, portanto, deve fazer parte de um plano de comunicação integrada.
Avalia o evento segundo critérios operacionais, isto é, relacionados à organização de cada evento.	Avalia o evento considerando seu papel no atingimento das metas e das estratégias da empresa.

Muitos profissionais têm dificuldade em exercer um papel mais estratégico em relação à gestão e organização de eventos. Esta dificuldade é compreensível, uma vez que para organizar um evento é preciso estar atento a todo e qualquer pormenor, o que requer muito tempo e dedicação. Por isso não há tempo para se relacionar com o mercado e a direção da empresa ou de procurar entender o porquê daquele evento, com aquele formato. É justamente em razão dessa dificuldade que há poucos gestores estratégicos de eventos, mas muitos organizadores e executores. Portanto, é importante salientar que para aqueles que hoje exercem função ou cargo operacional que desejam evoluir na empresa, carreira ou virar empreendedores, é necessário estudar, pesquisar e compreender o negócio da empresa em que atuam e aprender a discutir sobre estratégia, mesmo que para isso tenham de empreender jornada dupla.

24 Gestão estratégica de eventos

b) *Saber trabalhar sob pressão*

A área de eventos, até por envolver várias outras, costuma enfrentar fortíssimas pressões para que tudo esteja a contento em relação a todos os envolvidos. Como estes são muitos, também são muitas as vontades, urgências e carências que o gestor de eventos deve atender ao mesmo tempo. Saber lidar tranquilamente com essas pressões é parte de uma habilidade política que o gestor de eventos deve possuir. Se sucumbir a todas as pressões, será obrigado a alterar constantemente seu plano, o que, com grande frequência, costuma resultar desde um aumento incontrolável dos custos, até mesmo um fracasso da estratégia predeterminada para o evento e para o modelo de gestão da empresa.

Para que o gestor possa se proteger dessas pressões, é preciso que sejam estabelecidas, comunicadas e respeitadas as políticas do modelo de gestão. Elas podem evitar que ele, sendo impulsionado pelo caráter de urgência da situação, tome decisões erradas. Este assunto será tratado com mais detalhes nos Capítulos 8 e 9.

c) *Saber lidar com problemas*

Solucionador de problemas é uma das expressões mais utilizadas entre os profissionais da área de eventos para descrever suas funções.

Dificilmente tudo sai 100% a contento e, consequentemente, muitos são os problemas que afligem e até desesperam os responsáveis. Muitas vezes, o material não sai com a qualidade especificada, o estande de demonstração não fica pronto a tempo, os produtos enviados não são os solicitados, o sistema de telefonia não é instalado, e assim por diante. A lista de problemas é interminável, mas aqui vai uma dica importante: grande parte daqueles problemas que os organizadores consideram desastrosos para a imagem do evento passa despercebida pelos clientes e até pela direção da empresa. Portanto, saber diferenciar os problemas realmente críticos é fundamental para buscar soluções prioritárias. Veja um modelo de análise de criticidade dos problemas apresentados em eventos.

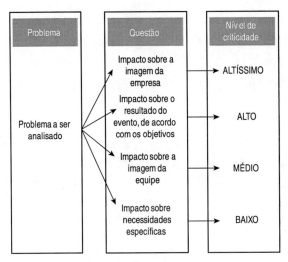

Figura 2.2 *Modelo de análise de criticidade dos problemas*

O modelo indica que a cada problema detectado pelo gestor ou levantado por um profissional da empresa deve ser feita uma análise crítica para averiguar seu impacto sobre a empresa. A análise deve ter quatro diferentes níveis de gravidade: imagem da empresa, resultado do evento, imagem da equipe de eventos e necessidades específicas da área ou de outras áreas da empresa.

Quando o problema afeta somente necessidades específicas da área de eventos ou de outra área, mas não tem impacto sobre o resultado direto do evento ou sobre a imagem da corporação, o gestor de eventos pode partir para uma solução menos trabalhosa ou até deixar para atender a esse problema em um segundo momento. Se, por outro lado, surgir um problema que cause danos à imagem da empresa, este deve receber atenção e solução imediatas. Como exemplo pode-se citar, para o primeiro caso, o atraso de um folheto que apresenta um produto a ser lançado no próximo ano, mas que não está em exposição naquele evento e, portanto, seu resultado não impactará. Como exemplo para o segundo caso, o atraso na entrega do *press release* da empresa para as mídias oficiais do evento prejudicaria a divulgação e, portanto, a imagem da empresa.

d) *Saber lidar e liderar times com perfis diferentes*

Como a atividade eventos envolve não só os profissionais da área responsável em planejá-los e organizá-los, mas também vários outros de diferentes áreas, é preciso que o gestor seja capaz de manter relacionamentos com um grande número de pessoas, de diferentes níveis e perfis, pois elas também contribuirão para o sucesso dos eventos. A Figura 2.3 mostra como um evento pode movimentar grande parte da estrutura de uma empresa.

Figura 2.3 *Envolvimento de diferentes áreas de uma empresa na organização e participação de um evento*

Saber relacionar-se e lidar com pessoas de diferentes perfis e áreas não significa necessariamente aceitar todas as opiniões, acatar todas as sugestões e receber todas as orientações sobre o trabalho. É preciso entender que, para cada público (composto por pessoas de dentro ou de fora da empresa), é necessário adotar uma estratégia de relacionamento distinta. É um erro o gestor de eventos acreditar que todos podem ser tratados da mesma maneira. É óbvio que a abordagem não pode ser a mesma para subordinados e superiores, assim como não pode ser a mesma para fornecedores e clientes.

Dentre os relacionamentos mantidos pelo gestor de eventos é preciso priorizar aqueles que são mais impactantes de forma geral, não somente para o próprio gestor, mas também para a área de eventos e sua estratégia. A Figura 2.4 indica a priorização dos relacionamentos para o gestor de eventos.

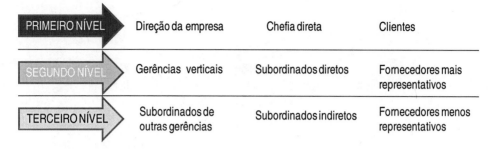

Figura 2.4 *Priorização dos relacionamentos para o gestor de eventos*

A construção de um modelo para a gestão estratégica de eventos

A passagem da organização de eventos para uma gestão estratégica trouxe nova complexidade ao setor. Entre outras exigências, tornou-se necessária a construção de modelos.

A seguir são apresentados os objetivos e os passos para a construção de um modelo de gestão de eventos.

Objetivos estratégicos do modelo de gestão de eventos

Antes de iniciar a construção de um modelo de gestão de eventos, é preciso definir quais são seus objetivos estratégicos. Para cada empresa, haverá uma lista de objetivos próprios, já que cada uma possui diferentes níveis de dificuldades.

Algumas empresas podem considerar que, por exemplo, a integração entre os times responsáveis pela organização dos eventos seja prioridade no modelo de gestão. Outras, que constantes falhas nos processos internos seja a maior deficiência esta área.

A seguir, são listados os principais objetivos estratégicos de modelos de gestão em eventos.

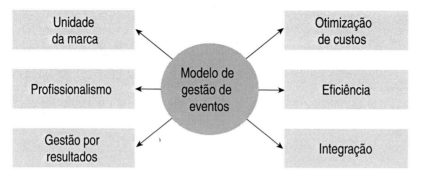

Figura 2.5 *Diferentes objetivos para um modelo de gestão de eventos*

Unidade da marca: *consiste em criar uma unidade visual, de valores e de posicionamento da marca em todos os eventos que a empresa organiza, patrocina ou investe, sejam eles de pequeno, médio ou grande portes.*

Empresas que organizam ou participam de muitos eventos ao longo do ano, sejam próprios, de terceiros, organizados por estrutura própria ou por agência terceirizada, sentem dificuldade para que o conjunto desses eventos tenha a mesma identidade, ou seja, a mesma "cara". Isso não significa que os eventos tenham de ser todos iguais com relação ao conteúdo e ao formato, mas que gerem, por meio da programação visual, uma mesma imagem que reporte o posicionamento da marca da empresa.

É comum as empresas criarem material de exposição para os eventos com logomarcas distintas e fora de um padrão estipulado pela área de marketing ou de comunicação da empresa. O mesmo ocorre com *slogans*, mensagens e outras ferramentas de divulgação. Esta distorção do padrão pode gerar confusão na mente do consumidor, que já não sabe mais se se trata de uma mesma empresa ou de empresas distintas. Tal situação pode se agravar quando setores diferentes de uma mesma empresa resolvem organizar seus próprios eventos de forma independente e desvinculada da diretriz de uma área centralizada de eventos. Como cada um produz seu material de divulgação, suas mensagens e seu formato de participação, o resultado acaba por ser diferente.

Profissionalismo: *é importante imprimir o maior profissionalismo no planejamento e na execução de eventos por meio de metodologias, processos estruturados e documentados, e de constante treinamento e aperfeiçoamento do pessoal envolvido nesta tarefa.*

Como já foi visto, ainda persiste um amadorismo no setor de eventos causado pelo seu rápido crescimento, sem que este correspondesse a uma preparação de profissionais responsáveis pela gestão e organização dos eventos. Portanto, garantir profissionalismo na área de eventos, seja com estrutura interna ou por agências terceirizadas, é uma das maiores dificuldades dos gestores da área. Raramente se veem processos estruturados e metodologias aplicadas na organização dos eventos.

Gestão por resultados: *consiste em selecionar e priorizar eventos cujo retorno seja adequado às metas da empresa como entidade única, e não constituída por unidades independentes.*

Pensar nos eventos como atividade estratégica para a empresa, capaz de gerar resultados institucionais e financeiros, é uma preocupação ainda pouco vista nas empresas. Quando a empresa é segmentada por unidades de negócios ou setores de atuação distintos, esta dificuldade torna-se ainda maior.

Quando o gestor precisa priorizar eventos de diferentes unidades ou setores da empresa deve utilizar critérios objetivos e claros. Caso contrário, sofrerá pressões de todas as gerências para que seja dada prioridade aos eventos de sua área ou setor. O resultado que cada evento gerará como um todo passa a ser fundamental para esta decisão; e esse resultado não pode ser visto apenas considerando vontades e interesses individuais de cada unidade ou departamento, mas analisando-se as metas da empresa como um todo.

Eficiência: *consiste em criar processos estruturados e documentados que aumentem a eficiência da empresa na organização e participação de eventos, evitando paralelismos e a duplicação de esforços e recursos para atividades com o mesmo fim.*

É muito comum que pessoas com diferentes funções e atribuições executem trabalhos duplicados enquanto outras tarefas fiquem sem responsáveis, deixando de ser realizadas. Isso ocorre normalmente quando não se tem definição nem descrição corretas das tarefas de cada um, nem a sua comunicação eficiente para todos os envolvidos. É essencial que todos os processos, políticas e responsabilidades referentes à organização dos eventos sejam documentados e divulgados aos responsáveis pelos eventos. Dessa forma, mesmo com a ausên-

30 Gestão estratégica de eventos

cia momentânea de algum profissional, a saída permanente de outro, ou com a troca de agência terceirizada, a eficiência estará garantida.

Otimização de custos: *consiste em garantir otimização dos custos individuais e do conjunto dos eventos organizados e patrocinados pela empresa por meio da maior eficiência no planejamento e na execução.*

Além de esforços, é comum encontrar na organização de eventos recursos duplicados. Esses são um dos maiores consumidores de verba de uma empresa. Eles podem ocorrer desde a contratação de fornecedor com custos acima do mercado até a produção de *banners* tão específicos para um evento que não poderão ser reutilizados em outras ocasiões, exigindo assim a confecção de outros.

Quando a empresa cria identidade e unidade visual em todos os eventos, consegue, automaticamente, uma otimização considerável de seus custos. Da mesma forma, quando melhora a eficiência de seus processos e políticas internas, também passa a ter custos menores da operação.

Integração: *consiste em promover a integração e o trabalho cooperado entre os envolvidos nos eventos com o objetivo de garantir os resultados esperados.*

Uma das grandes dificuldades do gestor é conseguir o envolvimento de todos na organização dos eventos da empresa. Ter um modelo de gestão permite que o gestor consiga mostrar a toda a empresa que a área de eventos está pronta para ajudá-la a atingir as metas e objetivos estratégicos com um plano estruturado e coerente. E consiga daqueles que participarão, direta ou indiretamente, da organização dos eventos conseguir adesão, comprometimento e motivação.

Metodologia na construção de um modelo de gestão de eventos

Para o desenvolvimento deste livro, a autora apresenta uma metodologia própria que vem sendo aplicada em projetos de consultoria para empresas de diversos setores. Essa metodologia é extremamente prática e de fácil aplicação, já que é apresentada passo a passo e vem acompanhada de tabelas, planilhas e todo o ferramental necessário.

Pode ser utilizada em qualquer tipo de empresa, de qualquer porte e segmento, e requer pouca ou nenhuma customização quando aplicada em diferentes empresas.

É de fácil entendimento, já que foi elaborada para atender tanto profissionais com formação em áreas de administração e marketing (portanto, tiveram acesso a conteúdo voltado às estratégias de marketing e comunicação), quanto pessoas que nunca estudaram ou tiveram contato com o assunto. Esse livro não se preocupou em ser um tratado, e os termos técnicos e teorias da administração, como posicionamento da marca e estratégia de comunicação, foram adaptados para o entendimento dentro do universo dos eventos.

Os passos da metodologia de construção do modelo de gestão de eventos são apresentados a seguir e serão analisados, um a um, na sequência.

Figura 2.6 *Passos da metodologia de construção do modelo de gestão de eventos*

ATIVIDADES

1. Considerando a empresa em que você trabalha ou conhece, dentre as apresentadas no capítulo, quais são as principais preocupações da gestão de eventos?
2. Explique quais são os principais objetivos estratégicos para a construção de um modelo de gestão de eventos.
3. Em sua opinião, como deve ser preparado o profissional que pretende fazer carreira na área de eventos? Você conhece escolas ou cursos que estão formando adequadamente esses profissionais?
4. Considerando o perfil do gestor de eventos apresentado neste capítulo, faça uma autoanálise e responda: você tem sido um profissional com visão estratégica ou operacional?

32 Gestão estratégica de eventos

5. Analise seus colegas e faça uma classificação, dividindo-os entre aqueles que:

Trabalham melhor sob pressão	Lidam melhor com os problemas	Lideram melhor os times

6. Considerando uma empresa que você conheça, analise se seu fluxo de gestão de eventos coincide com o apresentado e, caso não, qual seria a grande diferença?

PARTE II

Discutindo a estratégia da empresa e sua relação com a gestão de eventos

3

Posicionamento da marca

Toda empresa e seus produtos ou serviços possuem uma identidade percebida pelo mercado em que atua. Ela não é estabelecida de um dia para outro, mas construída ao longo de anos de atuação e presença no mercado. Requer tempo e investimento, principalmente em ações de divulgação.

Apesar de toda empresa ter uma identidade implementada, nem sempre esta é a desejada. Empresas levam anos para conseguir criar o valor desejado de suas marcas no mercado, e muitas nem conseguem. Outras passam anos acreditando que conquistaram o posicionamento desejado, mas sem ao menos saber se isto é realmente verdadeiro. E ainda há aquelas que, por falhar em sua comunicação ou em virtude de ações que causaram imagens distorcidas da empresa, acabaram com identidades negativas. E, neste caso, o custo para recuperar o posicionamento desejado é muito elevado.

O primeiro passo da construção do modelo de gestão em eventos é, portanto, analisar o posicionamento da marca da empresa. Para tanto, sugere-se a aplicação de uma metodologia simples, porém eficaz, aplicando e adaptando as teorias de administração sobre o tema à prática da gestão de eventos. Esta metodologia utiliza-se de três etapas, descritas a seguir:

Etapa 1: Definir o posicionamento de marca desejado pela empresa

A primeira etapa refere-se à verificação do posicionamento desejado atualmente, para os próximos dez anos ou, ainda, outro período estipulado pela empresa.

Toda empresa tem descrito em seus manuais, relatórios ou outros documentos oficiais qual a imagem desejada para sua marca junto a seus clientes, parceiros, fornecedores e colaboradores.

Para conhecer o posicionamento desejado da marca basta recorrer a um desses documentos ou mesmo à direção da empresa e obter esta informação. Ao obtê-la, registre-a no quadro abaixo.

Quadro 3.1 *Posicionamento da marca X*

Posicionamento desejado	

A seguir é apresentado o posicionamento desejado para a empresa *By the Way* nos próximos dez anos.

Posicionamento desejado para a *By the Way*[1]	Em 10 anos, a By the Way será reconhecida como referência mundial no desenvolvimento de soluções customizadas, inovadoras, que geram valor agregado a seus clientes.

Outra ferramenta de identificação do posicionamento de marca de uma empresa refere-se ao levantamento de mensagens qualificadoras. Analisar o posicionamento por meio de mensagens é uma ótima técnica, pois é de fácil entendimento por todos e está diretamente relacionada à comunicação que a empresa faz com seu mercado, seja por meio de campanhas publicitárias, de documentos internos ou outros mecanismos.

Caso a empresa ainda não tenha essa informação disponibilizada, será necessário elaborar uma lista com mensagens qualificadoras da marca junto aos seus gestores.

Como citado, quando se fala em posicionamento de marca pensa-se, necessariamente, em concorrência. Nenhum trabalho de identificação do posi-

---

[1] Para ilustrar a aplicação da metodologia de construção do modelo de gestão de eventos, foi criada uma empresa fictícia, designada *By the Way*. Trata-se de uma empresa de tecnologia.

cionamento de marca pode ser desenvolvido sem que a empresa conheça suas fortalezas e seus pontos fracos, sempre em comparação com seus competidores. A seguir, é apresentado um formulário de auxílio no desenvolvimento do conhecimento de pontos fortes e pontos fracos que deverá orientar a direção da empresa na busca das mensagens desejadas.

Formulário 3.1 *Pontos fortes e pontos fracos das empresas concorrentes e da* **By the Way**

Concorrente	Pontos Fortes	Pontos Fracos
A	1.	1.
	2.	2.
	3.	3.
	4.	4.
	5.	5.
B	1.	1.
	2.	2.
	3.	3.
	4.	4.
	5.	5.
C	1.	1.
	2.	2.
	3.	3.
	4.	4.
	5.	5.
D	1.	1.
	2.	2.
	3.	3.
	4.	4.
	5.	5.
E	1.	1.
	2.	2.
	3.	3.
	4.	4.
	5.	5.

Empresa	Pontos Fortes	Pontos Fracos
By The Way	1.	1.
	2.	2.
	3.	3.
	4.	4.
	5.	5.
	6.	6.
	7.	7.
	8.	8.
	9.	9.

38   Gestão estratégica de eventos

Ainda com relação à análise da concorrência, outra importante comparação refere-se à atuação na gestão de eventos. É possível realizar uma avaliação considerando os seguintes aspectos: diferenciação e eficiência na participação; nível de investimentos e profissionalismo da estrutura. A seguir é apresentada uma tabela para tal comparação, que deve ser vista não como de cálculos e resultados finais, e sim como uma ferramenta de apoio às discussões e análises entre os gestores, para que estes tenham condições de identificar as melhorias que deverão ser consideradas na fase de planejamento a fim de superar seus competidores no planejamento e na organização de seus eventos.

Tabela 3.1 *Concorrência – eventos*

Grau	(de 1 a 10)	(de 1 a 10)	(de 1 a 10)	(de 1 a 10)
Concorrente	Diferenciação na participação em eventos	Eficiência na participação em eventos	Nível de investimentos em eventos	Profissionalismo da estrutura de eventos
A				
B				
C				
D				
E				
F				
Empresa				

Ao listar as mensagens desejadas pela empresa, é comum selecionar-se um número muito superior ao adequado. Para ajudar o gestor de eventos a originar uma lista de no máximo dez mensagens e em ordem de prioridade, apresenta-se uma ferramenta para sua priorização. Ela é desenvolvida aplicando-se fórmulas e cálculos que serão explicados por meio de um exemplo de lista de mensagens para a empresa fictícia *By the Way*.

Mensagem	Credibilidade	Impacto	Posicionamento da empresa	Diferenciação	Nota	Classificação
É uma empresa inovadora	6	8	5	2	5,3	11
Oferece valor agregado	6	9	10	8	8,3	2
Tem entrega rápida	9	3	2	5	4,8	15
Possui *expertise* comprovada	8	8	8	5	7,3	5
Desenvolve soluções customizadas	4	9	9	9	7,8	3
Possui uma rede de distribuição abrangente	9	5	5	2	5,3	11
Presta serviços de qualidade	9	5	7	4	6,3	8
Possui produtos diferenciados	4	6	9	5	6,0	9
É líder mundial da solução	9	9	8	8	8,5	1
Oferece soluções completas	5	8	8	8	7,3	5
Possui alianças estratégicas	8	6	4	3	5,3	11
Empresa em rápida expansão no Brasil	7	4	7	3	5,3	11
Investe pesadamente em P&D	5	4	9	5	5,8	10
Entende a real necessidade do cliente	5	9	9	7	7,5	4
Mais de 98% de satisfação dos clientes	5	8	8	5	6,5	7

Critério	Escala (1 a 10)	Peso
Credibilidade	10	25%
Impacto	10	25%
Posicionamento	10	25%
Diferenciação	10	25%
Total	40	100%

Credibilidade: o mercado acreditará nesta mensagem?
Impacto: esta mensagem tem real valor para os consumidores? É relevante para o público?
Posicionamento da empresa: esta mensagem está alinhada com o posicionamento da marca da empresa?
Diferenciação: a mensagem traz inovação? É criativa?

Figura 3.1 *Ferramenta para priorização de mensagens*

Após o processo de *brainstorm* realizado junto aos envolvidos na metodologia de construção do modelo de gestão, as colunas devem ser preenchidas da seguinte maneira:

- *Mensagem*: são listadas todas as citadas pelo grupo como fiéis tradutoras do novo ou desejado posicionamento da marca;
- *Credibilidade*: é atribuída nota de 1 a 10 de acordo com a percepção do grupo sobre a veracidade daquela mensagem junto ao público da empresa, isto é, se o mercado acreditará que aquela mensagem refere-se à empresa em questão;
- *Impacto*: é atribuída nota de 1 a 10 para o grau de importância daquela mensagem para o público da empresa, isto é, se aquela mensagem é relevante para o cliente e para o seu negócio;

40 Gestão estratégica de eventos

- *Posicionamento da empresa*: é atribuída nota de 1 a 10 para avaliar se aquela mensagem é válida para o novo posicionamento da marca da empresa;
- *Diferenciação*: é atribuída nota de 1 a 10 de acordo com o grau de inovação da mensagem, isto é, quanto ela se diferencia do que a concorrência diz;
- *Nota*: a nota final pode ser calculada de duas formas: pela média aritmética simples entre as notas das quatro colunas. Neste caso, somam-se cada uma das quatro notas e divide-se por quatro. Outra forma, a mais eficaz, é realizar a média ponderada entre as quatro notas. Para tanto, o grupo atribui um peso para cada critério, multiplicando este peso a cada nota individualmente no resultado final da linha;
- *Classificação*: coloca-se o ranking de cada mensagem, seja pela nota obtida com a média aritmética simples, seja com a média aritmética ponderada, sob o consenso do grupo. A seguir, de acordo com essa classificação, são destacadas, em ordem, as mensagens mais desejadas e colocadas em um quadro, conforme foi feito para a empresa *By the Way*.

No exemplo anterior, tem-se como resultado final as seguintes dez mensagens prioritárias para o posicionamento da *By the Way*.

Quadro 3.2 *Mensagens desejadas para a marca* **By the Way**

1. Líder mundial da solução
2. Oferecimento de valor agregado
3. Desenvolvimento de soluções customizadas
4. Compreensão da necessidade real do cliente
5. Oferecimento de soluções completas
6. *Expertise* comprovada
7. Mais de 98% de satisfação dos clientes
8. Prestação de serviços de qualidade
9. Produtos diferenciados
10. Investimento pesado em P&D

Etapa 2: Validação do posicionamento da marca

Muitas empresas acreditam tanto no posicionamento que desejam para sua marca que a taxam como verdadeira, e se esquecem de verificar se o entendimento correto daquilo que pregam como certo. Há ainda casos em que a empresa reconhece falhas de interpretação de sua identidade, mas tem receio de ter este retorno do mercado. Pela consciência da necessidade de mudança ou pela certeza do entendimento do posicionamento da marca no mercado é preciso validar esta posição.

O segundo passo da análise do posicionamento de uma marca é identificar qual imagem ou valor percebido da marca junto ao mercado, aos seus consumidores, parceiros, fornecedores e outros. Para tanto, o gestor de eventos pode realizar pesquisas com diversos públicos da empresa, tanto internos quanto externos. Para tornar o processo mais rápido e simples, sugere-se fazê-lo com os colaboradores da própria empresa, de preferência aqueles envolvidos com o atendimento ao público externo, como equipes comerciais, de suporte técnico e da central de atendimento. Constatou-se que, além de menos custosa e mais rápida, a resposta de um levantamento com este público é tão eficaz e correta como as pesquisas realizadas com público externo.

Para a validação da imagem percebida, pode-se pesquisar junto ao público interno uma lista de mensagens que qualificam a empresa e sua oferta ao mercado. Para levantar essas mensagens, deve-se perguntar para um grupo heterogêneo – considerando, entre outros critérios, o nível hierárquico, o sexo, a idade, área de atuação na empresa – de colaboradores internos com quais mensagens eles acreditam que o mercado identifica melhor a empresa. Após anotar todas as mensagens apontadas, parte-se para a redução em uma lista final com as mais citadas. Este registro deve ser colocado no modelo do Quadro 3.3, apresentado a seguir. Vale ressaltar que a lista final de mensagens deve ser resultado da consolidação do levantamento e pela concordância da maioria dos envolvidos na pesquisa. O ideal é que as mensagens sejam em número não maior do que dez e que cada mensagem tenha o mesmo entendimento com relação ao seu significado pelo grupo. Além disso, é preciso atentar para que as mensagens não estejam duplicadas.

42 Gestão estratégica de eventos

Quadro 3.3 *Mensagens reais da marca*

1.
2.
3.
4.
5.
6.
7.
8.
9.
10.

Para apoiar os colaboradores na identificação das mensagens reais da marca, o gestor de eventos pode apresentar uma lista-base, como a Lista 3.1. A lista serve como ponto inicial de discussão, mas não deve ser restritiva a ponto de delimitar as ideias do grupo.

Lista 3.1 *Mensagens qualificadoras de uma marca*

Confiável	Produtos inovadores	Time comercial forte
Atendimento diferenciado	Tecnologia de ponta	Variedade de produtos
Vanguarda tecnológica	Credibilidade	Tradição
Sustentabilidade	Especializada	Diferenciação
Assistência técnica confiável	Serviços de qualidade	Pioneira
Produtos customizados	Serviços customizados	Solidária
Consciente	Preço justo	Alto custo-benefício
Parceira do cliente	Clientes satisfeitos	Ambiente agradável
Alta motivação do time	Dedicada aos clientes	Moderna
Valor agregado	Socialmente responsável	Entrega rápida
De fácil contato	Criativa	Crescimento contínuo
Melhor *website*	Líder de mercado	Durabilidade dos produtos
Qualidade dos produtos	Reconhecida internacionalmente	Globalizada
Eficiente	Preço competitivo	Rápida resposta
Única	Expertise específica	Soluções completas
Rede de distribuição eficiente	Canal de vendas abrangente	Flexível
Alianças estratégicas	Marketing de guerrilha	Conceituada
Valoriza os recursos humanos	Apoia o esporte	Apoia a cultura
Equipe altamente treinada	Bem financeiramente	Crescimento estável
Cobertura geográfica	Apoia a comunidade	Melhor valor de marca
Constante melhoria de produtos	Inovadora	Sempre à frente do mercado
Altos investimentos em pesquisa e desenvolvimento	Líder mundial	Preocupada com a qualidade de vida
Responsável	Melhor garantia dos produtos	Diversificada

A seguir é apresentada a lista final da *By the Way* contendo as dez mensagens mais citadas pelos seus colaboradores, que, portanto, simbolizam a percepção real da marca da empresa junto ao mercado.

Quadro 3.4 *Lista de mensagens reais para a empresa* **By the Way**

1. Possui *expertise* comprovada
2. Tem entrega rápida
3. Oferece soluções padronizadas e prontas
4. Possui rede de distribuição abrangente
5. Presta serviços de qualidade
6. É líder mundial
7. Possui alianças estratégicas
8. Crescimento contínuo
9. Empresa de credibilidade
10. Empresa tradicional

Etapa 3: GAPs no posicionamento de marca

Sempre que este exercício é realizado ocorrem muitas surpresas. Nem sempre as mensagens reais (percebidas pelo mercado) são aquelas imaginadas ou desejadas pelo corpo diretivo da empresa. Elas podem ter nada ou pouco a ver com o posicionamento desejado, não sendo, portanto, uma tradução fiel deste. Nestes casos pode-se dizer que há GAPs[2] entre o real e o desejado.

Em relação à empresa *By the Way*, as diferenças entre as duas listas de mensagens pode ser verificada na Figura 3.2.

---

[2] Do inglês, *brecha* ou *lacuna*.

Figura 3.2 *Comparação entre mensagens reais e desejadas na obtenção de um novo posicionamento da* **By the Way**

Há, por outro lado, casos em que a empresa está ciente das diferenças entre o desejado e o real e busca um novo posicionamento. O McDonalds, por exemplo, por causa de pressões vindas de um público mais exigente, teve de reposicionar sua marca e passar a oferecer em seu cardápio produtos de valor nutricional maior. Outro exemplo é o da Philco. Em abril de 2006, depois de seis meses de ter sido comprada pela Gradiente, o presidente da agência de propaganda Lew anunciou uma nova campanha para a empresa com o intuito de mudar a imagem da marca no mercado brasileiro. A ideia era acabar com a percepção que se tinha de que a Philco havia "parado no tempo".

Seja na descoberta surpreendente dos GAPs de posicionamento ou na percepção da necessidade de mudança, desta análise deverá resultar uma estratégia de comunicação eficaz, capaz de consolidar o posicionamento da marca ou de construir um novo posicionamento.

Os eventos, como parte importante da estratégia de comunicação, têm fundamental papel neste trabalho, já que devem ser planejados e executados sob as mesmas premissas.

No caso da empresa *By the Way*, os 5 GAPs a serem trabalhados podem ser resumidos da seguinte forma:

1. Divulgação e promoção de todas as soluções da empresa, oferecendo a seus clientes **soluções completas**.

2. Valorização do conceito "**valor agregado**", com o comprometimento de melhorar o negócio do cliente.
3. Apresentar a *By the Way* como uma empresa que valoriza o bom atendimento a seus clientes, com **mais de 98% de satisfação deles**.
4. Apresentar a *By The Way* como uma empresa confiável pela tradição, mas também inovadora pela oferta de **produtos diferenciados**.
5. Promoção do pesado investimento da empresa em **pesquisa e desenvolvimento** para garantir **soluções customizadas** a seus clientes.

ATIVIDADES

1. Qual o posicionamento de marca da empresa em que você trabalha? Onde você buscou essa informação?
2. Pergunte a três colegas de trabalho qual o posicionamento da marca da empresa. Eles souberam responder? As respostas coincidiram?
3. Com relação à faculdade em que você estuda, ou a empresa em que você trabalha, elabore uma lista com dez mensagens qualificadoras da marca. Apresente esta lista para a direção da empresa ou da faculdade e verifique se a percepção levantada é a mesma desejada pelos gestores.
4. Para a questão anterior, elabore uma relação de GAPs a serem trabalhados pela empresa ou faculdade, a fim de alinhar o posicionamento percebido ao desejado.

4

Estratégia de comunicação

Uma vez definido qual é o posicionamento da marca desejado e quais os GAPs a serem trabalhados, a empresa terá a primeira condição para iniciar a elaboração de suas estratégias para comunicar essas mensagens ao mercado. Porém, a estratégia de comunicação não depende só das decisões de posicionamento da marca. É preciso analisar os objetivos de marketing, considerando seus diferentes mercados, produtos e serviços. Muitas empresas falham em suas ações de marketing por não conseguir responder a questões como:

- quanto da receita da empresa provém de cada um dos seus segmentos de atuação, áreas de negócios ou divisões?
- quanto da receita da empresa provém de cada produto ou serviço da empresa?
- quanto da receita da empresa virá dos atuais clientes e quanto da aquisição de novos clientes?
- quanto da receita da empresa virá dos atuais produtos e quanto deverá vir de novos produtos ou serviços?

As respostas a essas questões são extremamente relevantes para grande parte dos componentes de marketing, entre eles as estratégias de comunicação. Sem saber como está a empresa atualmente e como ela pretende estar no futuro (e principalmente de onde e como ela pretende que venham suas receitas) não há como decidir sobre a alocação de verbas, recursos de mar-

48 Gestão estratégica de eventos

keting e comunicação entre os vários mercados ou segmentos e cada produto ou serviço da empresa.

O primeiro passo para a definição da estratégia de comunicação é identificar os objetivos de marketing da empresa e de cada um de seus segmentos. Para tanto, propõe-se uma metodologia prática de quatro passos que ajuda o gestor de eventos a responder a essas questões.

Passo 1: Identificação dos objetivos de marketing

Os objetivos de marketing podem ser classificados em quatro categorias, descritas a seguir.

Crescimento

Empresas que já possuem um número expressivo de clientes, mas cuja receita proveniente destes ainda não esteja em patamares desejados, optam por uma estratégia que visa ao crescimento da receita na base. Esse crescimento pode ser proveniente do lançamento de novos produtos, da adição de valor agregado aos já existentes ou do reposicionamento dos preços.

Aquisição

Este objetivo é adotado por empresas que visam a aumentar a base atual de clientes, ou porque possuem um número não satisfatório para a empresa, ou porque entraram em um novo mercado. Para isso, deverão desenvolver planos que gerem negócios e novos clientes.

Aquisição com diferenciação

Além de aumentar a base de clientes, será, neste caso, necessária a implantação de novos produtos ou serviços, o que significa que a empresa deverá efetuar elevados investimentos em diferenciação, seja oferecendo soluções mais completas ou complexas às já existentes, seja criando novas oportunidades de mercado.

Consolidação

Este objetivo é pouco encontrado no mercado competitivo de hoje. Ele ocorre em empresas que, apesar de terem atingido por longo período um patamar de receita satisfatório com seus atuais clientes e produtos, estão sofrendo fortes ameaças por parte de novos concorrentes ou de atuais que estejam adotando uma estratégia de aquisição sobre a sua base de clientes. Nestes casos, a empresa necessita desenvolver barreiras de entrada da concorrência.

Outra situação para se considerar o objetivo de consolidação ocorre em empresas sem fins lucrativos quando o primordial é se manter ativa e com uma imagem de credibilidade perante o mercado.

Além dos objetivos gerais da empresa, em relação à totalidade de seus produtos e serviços, é importante salientar que é possível adotar um objetivo de marketing para cada produto ou serviço. Assim, por exemplo, uma empresa pode adotar o objetivo de: crescimento para o produto X, buscando aumentar sua receita na base de clientes atuais; aquisição para o produto Y, buscando com isso um aumento do número de clientes deste produto; e, ainda, consolidação para o produto Z, visando manter a receita gerada por este.

Para identificar em qual dessas quatro categorias a empresa se encontra, indica-se uma análise que se baseia no volume de vendas previsto para o próximo exercício (ano) e a origem dessa receita em quatro possibilidades: novos produtos desenvolvidos para clientes atuais; novos produtos para clientes novos; atuais produtos para atuais clientes; e atuais produtos para clientes novos. Para se ter maior visibilidade da situação da empresa é conveniente elaborar uma tabela que passará a constituir uma ferramenta de apoio a esta identificação. A Figura 4.1 representa o resultado dessa análise.

Figura 4.1 *Ferramenta de apoio para a identificação dos objetivos de marketing da empresa*

50 Gestão estratégica de eventos

Para preencher essa figura deve-se considerar a receita total prevista para a empresa e distribuí-la, em percentuais da receita prevista, de seguinte forma:[1]

(a): percentual destinado a produtos novos para clientes atuais.
(b): percentual destinado a produtos novos para novos clientes.
(c): percentual destinado a atuais produtos para clientes atuais.
(d): percentual destinado a atuais produtos para novos clientes.

Após o preenchimento da figura, será possível identificar em qual dos quatro quadrantes – aquele que tiver maior percentual – haverá uma maior receita no próximo ano e, assim, determinar os objetivos de marketing da empresa, conforme o Quadro 4.1:

Quadro 4.1 *Objetivo de marketing para cada quadrante*

Quadrante	Objetivo de marketing
(a)	Crescimento
(b)	Aquisição com diferenciação
(c)	Consolidação
(d)	Aquisição

Neste primeiro passo tratou-se da estratégia de marketing da empresa como um todo, mas para empresas maiores pode ser necessário elaborar uma análise para cada um dos seus segmentos ou áreas de negócios.

Passo 2: Identificação dos objetivos de marketing para cada segmento ou área de negócio da empresa

Empresas que atuam em diferentes segmentos de mercado e compartilham de uma mesma estrutura de marketing precisam conhecer, além dos objetivos gerais, os de cada um desses segmentos, a fim de definir prioridades e estratégias diferentes para cada um. Para cada segmento, a empresa pode se decidir por um objetivo diferente, de acordo com a maturidade, os resultados

---

[1] O total de cada linha e de cada coluna deve sempre somar 100%.

passados e o potencial deles. Para o gestor de eventos essa informação é imprescindível para determinar:

- *o valor de cada segmento para a empresa como um todo*: de acordo com as receitas esperadas para cada segmento de atuação é possível identificar qual o seu grau de participação nos resultados finais da empresa;
- *as prioridades da área de eventos*: sabendo qual o valor de cada segmento para a empresa, é possível definir quais deverão receber maior atenção por parte do gestor de eventos;
- *a alocação de verbas e estrutura de eventos para cada segmento*: é comum, em empresas que atuam por segmento, que haja disputa entre os gestores de cada área por verbas de marketing maiores e, portanto, pelas de eventos também. Com uma ferramenta de priorização de cada segmento torna-se mais fácil e justificável para o gestor de eventos distribuir a verba entre eles;
- *os tipos e formas de participação em eventos para cada segmento*: se, por exemplo, uma empresa tem por objetivo de marketing a consolidação de sua marca, sem que para isto tenha que investir na aquisição de novos clientes, não faria sentido escolher participar de eventos cujo objetivo seja justamente o de gerar novos consumidores. Portanto, entender qual o objetivo de marketing de cada segmento faz que o gestor possa selecionar aqueles eventos que consigam atendê-lo da forma mais eficaz.

Para identificar o objetivo de marketing de cada segmento basta utilizar a mesma ferramenta apresentada no Passo 1. Como resultado, o gestor de eventos obterá um quadro como o seguinte, utilizando como exemplo a empresa *By the Way*.

52 Gestão estratégica de eventos

Quadro 4.2 *Objetivos de marketing para cada segmento de atuação da empresa* By the Way

Objetivo de Marketing – Segmentos *By the Way*

Segmento	Objetivo de marketing
Bancos	Crescimento
Serviços financeiros	Crescimento
Varejo	Crescimento
Telecomunicações	Crescimento
Indústria automobilística	Consolidação
Indústria de alimentos e bebidas	Consolidação
Indústria química e petroquímica	Consolidação
Indústria eletroeletrônica	Consolidação
Indústria farmacêutica	Aquisição por diferenciação
Indústria mecânica	Consolidação
Governo	Crescimento
Saúde	Aquisição por diferenciação
Agronegócios	Aquisição por diferenciação
Serviços	Consolidação
Comunicação & entretenimento	Aquisição por diferenciação
Seguros	Aquisição
Tecnologia e Internet	Aquisição
Educacional	Aquisição
Terceiro setor	Aquisição por diferenciação
Pequenas e médias empresas	Crescimento
Pessoa física	Aquisição
Condomínios residenciais e comerciais	Aquisição

Passo 3: Priorização dos segmentos da empresa para eventos

Além da explicitação e da definição dos objetivos de marketing da empresa para seus segmentos, torna-se necessário determinar a importância de cada segmento a fim de se priorizar os mais relevantes, para aquela empresa, naquele ano, orientando não só as decisões de marketing em geral como também o setor de eventos.

Há várias formas de analisar a prioridade dos segmentos de uma empresa. Para a análise de cada segmento, devem ser considerados os critérios a seguir.

Valor do segmento para a marca

Este critério considera quão importante é ter representatividade neste segmento para o posicionamento da empresa.

Nem sempre os segmentos com as maiores taxas de investimento no mercado são os que trazem maior credibilidade. É comum que, apesar de apresentar menor potencial de receita, determinado segmento represente um valor de imagem elevado para a empresa. Conquistar clientes do terceiro setor, por exemplo, é uma forma de obter uma imagem social elevada, mesmo que para isso seja preciso abrir mão de possíveis receitas provenientes desses clientes. Além disso, segmentos com imagem positiva podem apoiar a conquista de espaço também em segmentos de maior potencial de receita.

Por outro lado, existem segmentos em que empresas representam pouco ou nenhum significado e visibilidade de mercado, ou mesmo valor negativo de imagem, quer por má reputação no mercado ou por algum escândalo na mídia.

Credibilidade

Conquistar a confiança de um cliente sobre os produtos e serviços de uma empresa não é tarefa simples nem missão de curto prazo. Primeiro, é preciso que os produtos sejam entregues corretamente, funcionem conforme o prometido (até superando as expectativas do cliente) e, segundo, o relacionamento iniciado na primeira venda se mantenha ao longo do tempo. Imagine construir uma reputação positiva dentro de um segmento inteiro de mercado: isto só ocorrerá se outros clientes do mesmo segmento tiverem conhecimento das qualidades do produto e passem pela mesma experiência positiva. Existe, por exemplo, uma empresa do ramo de telecomunicações que assedia insistentemente potenciais clientes para o segmento de TV a cabo por meio de telemarketing ativo, mas que, ao mesmo tempo, é campeã de reclamações em colunas de jornais de grande circulação.

O critério *credibilidade* avalia exatamente quanto a empresa possui de força no seu segmento de atuação. Caso ela ainda não atue nele, será preciso avaliar qual seria a reação de potenciais clientes à sua entrada no mercado.

Potencial de mercado

Para conhecer qual o potencial de mercado de cada segmento será preciso levantar, junto a órgãos, institutos e veículos de informação, índices econômicos, como: faturamento total do setor, taxa de crescimento anual, perspectivas de novas empresas, fusões ou aquisições e, se possível, o histórico de investimento em produtos ou serviços similares aos da empresa.

Lucratividade

Enquanto no critério *potencial de mercado* avaliou-se o segmento por seu desempenho externo, neste será analisado o quanto ele representa financeiramente para a empresa, ou seja, qual a receita gerada e sua participação percentual no total do resultado financeiro. Nem sempre os segmentos com melhores resultados no mercado e com maiores níveis de investimento são os que trazem maior rentabilidade para a empresa. Às vezes, o custo para adquirir um cliente de determinado segmento é tão superior à receita por ele gerada que pode até haver *déficit*. Portanto, é necessário separar estes dois critérios e analisá-los de forma independente.

Alinhamento

Analisando a oferta da empresa é possível responder quão alinhados estão os produtos e serviços com as necessidades reais dos consumidores de cada segmento.

Mesmo que um segmento tenha potencial de mercado elevado e seu valor para a marca da empresa seja alto, dificilmente esta terá sucesso se sua oferta não tiver sido elaborada em total alinhamento com as expectativas de seus clientes. Consumidores ou empresas de um mesmo segmento costumam ter preocupações e necessidades muito parecidas. Desta forma, se a empresa pesquisa e desenvolve soluções customizadas para estes segmentos, terá maior nota no critério alinhamento. Se oferece produtos e serviços padronizados, independente de sua adequação aos objetivos próprios do segmento, a nota de alinhamento deverá ser baixa.

Estratégia de comunicação   55

Tomando por base os critérios discutidos no Passo 3, torna-se possível elaborar uma planilha que mostre as notas para cada segmento em cada um dos critérios, a média geral e a classificação final deles para a empresa.

Quadro 4.3 *Classificação e priorização de segmentos para a empresa* **By the Way**

Ferramenta de Priorização de Segmentos – *By the Way*							
Segmento	Valor do segmento	Credibili-dade	Potencial de mercado	Lucratividade	Alinhamento	Nota final	Classificação
Bancos	8	7	9	7	8	7,9	1
Serviços financeiros	7	7	9	6,5	9	7,9	2
Varejo	4	7	6,5	6	6	5,8	19
Telecomunicações	8	7	8	9	7	7,8	4
Indústria automobilística	5	9	3,5	3	6	5,2	22
Indústria de alimentos e bebidas	6	8	6	3	6	5,9	18
Indústria química e petroquímica	5	7	6,5	4,5	6,5	6,0	17
Indústria eletroeletrônica	7	8	7	4	6,5	6,6	12
Indústria farmacêutica	8	5	9	8	8	7,8	5
Indústria mecânica	4	7	6,5	1	7	5,4	21
Governo	7	6	8	7	7	7,1	6
Saúde	8	4	7,5	7	7,5	7,0	8
Agronegócios	9	5	8	8	8,5	7,8	3
Serviços	6	7	7	6	7	6,6	12
Comunicação & entretenimento	7	3	8	9	8	7,1	6
Seguros	6	7	6	7	7,5	6,6	11
Tecnologia e Internet	6	5	6,5	8	7	6,5	15
Educacional	9	5	6,5	2	9	6,7	10
Terceiro setor	9	6	6	4	8	6,8	9
Pequenas e médias empresas	7	7	6	6	7	6,6	14
Pessoa física	6	7	7	4,5	7	6,4	16
Condomínios residenciais e comerciais	4	5	6	5	7,5	5,6	20

Critério	Escala (1 a 10)	Peso
Valor do segmento para a marca	8	22%
Credibilidade	6	17%
Impacto	9	25%
Posicionamento	5	14%
Diferenciação	8	22%
Total	36	100%

Neste quadro foi atribuída, para cada segmento e para cada critério, uma nota de 1 a 10 de acordo com o grau de importância deste critério para a empresa *By the Way.*

56 Gestão estratégica de eventos

Pode ser que, para diferentes empresas, cada critério tenha um peso maior ou menor, de acordo com seu momento e suas expectativas em relação à utilização desta ferramenta. Sendo assim, é possível ponderar as notas com pesos diferentes para cada critério, e o resultado final será a soma da nota de cada critério com seu peso ponderado, conforme mostra o Quadro 4.3.

Por exemplo, a nota atribuída ao critério "valor do segmento" foi 8, e o peso desse critério é 22%, o que representa alto grau de importância do item para a *By the Way*. Já o segmento "condomínios", ao receber da empresa nota 4, é considerado de pouca importância.

É comum que um gestor da área de eventos não possua experiência ou conhecimento suficiente para decidir sozinho as notas da planilha. Por isso, sugere-se que seu preenchimento seja sempre executado por um grupo de profissionais da empresa, capazes de responder eficazmente essas questões. São normalmente profissionais das áreas comerciais, de planejamento, de marketing e finanças, habituados a analisar dados externos de pesquisas, estudos de mercado (ou outras fontes de informações a respeito do desempenho de cada segmento) e dados internos financeiros a respeito da participação de cada segmento no faturamento da empresa. Essa heterogeneidade de cargos e perfis será importante para que as notas não venham somente dos responsáveis de cada segmento, o que se transformaria em uma luta de poderes em que cada um pode dar mais poderes ao seu segmento.

Para que haja homogeneidade no entendimento de cada critério e coerência no processo de atribuição das notas a cada segmento, será necessário que o gestor explique cada critério e solucione as dúvidas apresentadas. As discordâncias e reclamações devem ser discutidas em conjunto e, conforme o caso, separadamente com o(s) discordante(s) para que, ao final, o resultado seja de consenso do grupo todo. Quando se trata de um número grande de respondentes, pode-se apurar o resultado desconsiderando-se as maiores e as menores notas em cada caso. Além disso, as análises deverão ser comparativas, isto é, para cada critério deverão ser atribuídas notas comparando-se segmento por segmento.

Passo 4: Tradução dos objetivos de marketing em estratégias de comunicação

Uma vez identificados os objetivos de marketing para os segmentos de atuação da empresa e geradas as mensagens que deverão ser enviadas ao mercado, resta definir de que forma isto será feito – qual a estratégia de comunicação da empresa para cada um de seus segmentos de atuação. Neste livro propõe-se que a estratégia de comunicação da empresa seja construída a partir de três principais componentes: exposição da marca, relacionamento e vendas.

Apesar de cada um destes componentes possuírem objetivos específicos ou principais, estão todos diretamente relacionados aos objetivos de marketing da empresa e aos de cada um de seus segmentos de atuação. Juntos, eles formam uma poderosa base para o desenvolvimento do plano de comunicação. Além disso, permitem que o gestor da área consiga, com maior eficácia e precisão, tomar decisões gerenciais com relação ao estabelecimento de prioridades, distribuição das verbas de comunicação e organização e estrutura da área.

Para cada componente da estratégia de comunicação haverá uma ou algumas ferramentas do *mix* promocional que melhor sirvam ao seu propósito. As ferramentas do *mix* promocional são classificadas de acordo com o objetivo da atividade, em:

- *venda pessoal*: objetivo é gerar vendas imediatas via contato pessoal entre fornecedor e clientes potenciais por meio de equipe de vendas diretas;
- *promoção de vendas*: objetivo de aumentar o volume de vendas de um produto ou serviço durante um período de tempo determinado;
- *propaganda*: tem como objetivo a apresentação não pessoal de ideias, produtos ou serviços para um grande número de pessoas ao mesmo tempo;
- *publicidade*: tem como objetivo a construção de uma boa imagem da empresa entre seus vários públicos.

A Figura 4.2 apresenta o caminho percorrido pelo gestor da área de marketing desde a definição dos objetivos de marketing até a aplicação dos diferentes componentes da estratégia de comunicação por meio de ferramentas do *mix* promocional.

Figura 4.2 *Componentes da estratégia e do* **mix** *promocional*

A seguir são descritos os três componentes da estratégia de comunicação e as ferramentas do *mix* promocional mais comumente aplicadas a cada caso.

Exposição da marca

A empresa pode investir prioritariamente em ações que visem à exposição da marca e à promoção de sua imagem ou da imagem de seus produtos e serviços. Os investimentos de marketing utilizados para esse propósito são principalmente em propaganda e publicidade.

Relacionamento

Principalmente nos mercados mais competitivos, o relacionamento que a empresa mantém com seus clientes, fornecedores, distribuidores e parceiros constitui chave para o sucesso do negócio. Já se sabe que nenhuma empresa vive sozinha, independente de outras. É preciso aliar-se para oferecer a melhor solução de valor agregado ao cliente. Também é necessário estar próximo ao cliente para cada vez mais entender e atender às suas necessidades e anseios de consumo.

Os investimentos de marketing dirigidos a este propósito são, principalmente, em inteligência de mercado; desenvolvimento de novos produtos; decisões de canais e distribuição; pesquisas junto aos consumidores; e eventos de relacionamento.

Vendas

Neste caso, apesar de os dois objetivos anteriores também visarem indiretamente às vendas, as empresas cuja estratégia de comunicação estejam prioritariamente apoiada nesta atividade investem maior volume em ações a ela diretamente ligadas. As atividades de marketing utilizadas para este propósito são as promoções de vendas, o material de *merchandising* e televendas, quando inseridos na estrutura de marketing.

O Quadro 4.4 relaciona os possíveis objetivos de marketing com os componentes principais da estratégia de comunicação.

Quadro 4.4 *Tradução dos objetivos de marketing em estratégias de comunicação*

Objetivo de marketing	Estratégia de comunicação
Aquisição por diferenciação	Exposição da marca, vendas
Aquisição	Vendas, exposição da marca
Crescimento	Relacionamento, vendas
Consolidação	Relacionamento

Com base no que foi estudado no Passo 1, pode-se analisar este quadro da forma que será apresentada a seguir.

Aquisição por diferenciação

Como a empresa terá como missão a ampliação de sua oferta, com novos produtos e novos diferenciais para conquistar maior público, ela deverá investir, principalmente, em ações que garantam grande visibilidade e divulgação dessas novidades e, também, que gerem grandes volumes de vendas.

Aquisição

Como, neste caso, a oferta não sofrerá adição nem alteração, o principal foco da empresa deverá ser desenvolver atividades que promovam as vendas, acompanhadas de uma divulgação de apoio.

Crescimento

Qualquer estratégia que a empresa adotar para aumentar o volume de vendas na base atual de clientes deverá ter como pré-requisito fundamental o relacionamento. Somente com credibilidade e forte presença na mente de seus clientes é que a empresa terá condições de lhes oferecer, com sucesso, novos produtos e serviços.

Consolidação

Neste caso, o relacionamento é, assim como no objetivo de crescimento, essencial para o sucesso, tanto para empresas sem fins lucrativos como para aquelas que buscam a preservação de suas conquistas. Somente com uma base de clientes satisfeita e fiel a empresa conseguirá evitar a pressão dos concorrentes que buscam esta base.

Para exemplificar o resultado final do desenvolvimento da estratégia de comunicação, com as informações necessárias e suficientes ao gestor de eventos, veja o Quadro 4.5.

Estratégia de comunicação   61

Quadro 4.5 *Estratégia de comunicação* By The Way

Estratégia de Comunicação *By the Way*

Segmento	Prioridade	Objetivo de marketing	Estratégia de comunicação
Bancos	1	Crescimento	Relacionamento, vendas
Serviços financeiros	2	Crescimento	Relacionamento, vendas
Varejo	19	Crescimento	Relacionamento, vendas
Telecomunicações	4	Crescimento	Relacionamento, vendas
Indústria automobilística	22	Consolidação	Relacionamento
Indústria de alimentos e bebidas	18	Consolidação	Relacionamento
Indústria química e petroquímica	17	Consolidação	Relacionamento
Indústria eletroeletrônica	12	Consolidação	Relacionamento
Indústria farmacêutica	5	Aquisição por diferenciação	Exposição da marca, vendas
Indústria mecânica	21	Consolidação	Relacionamento
Governo	6	Crescimento	Relacionamento, vendas
Saúde	8	Aquisição por diferenciação	Exposição da marca, vendas
Agronegócios	3	Aquisição por diferenciação	Exposição da marca, vendas
Serviços	12	Consolidação	Relacionamento
Comunicação & entretenimento	6	Aquisição por diferenciação	Exposição da marca, vendas
Seguros	11	Aquisição	Vendas, exposição da marca
Tecnologia e Internet	15	Aquisição	Vendas, exposição da marca
Educacional	10	Aquisição	Vendas, exposição da marca
Terceiro setor	9	Aquisição por diferenciação	Exposição da marca, vendas
Pequenas e médias empresas	14	Crescimento	Relacionamento, vendas
Pessoa física	16	Aquisição	Vendas, exposição da marca
Condomínios residenciais e comerciais	20	Aquisição	Vendas, exposição da marca

O desenvolvimento da estratégia de comunicação de uma empresa é um processo longo e complexo, de responsabilidade do gestor da área de marketing ou de comunicação. Ao gestor de eventos cabe conhecer todo esse processo, compreender seu resultado final e analisar de que forma os eventos podem apoiar essa estratégia de comunicação. Isso significa estabelecer as estratégias de eventos, assunto discutido e apresentado na Parte III deste livro.

ATIVIDADES

1. Pesquise junto a cinco empresas de diferentes portes e setores qual o valor investido em eventos e sua participação no orçamento de marketing e comunicação. Considerando essa amostra, qual a média do percentual de investimento em eventos em relação ao total de comunicação?
2. Escolha um dos setores da empresa em que você trabalha. Utilizando a ferramenta de apoio para a identificação dos objetivos de marketing da empresa, responda qual é o percentual de receita previsto para este ano:
   a. com produtos novos?
   b. com atuais produtos?
   c. com clientes atuais?
   d. com clientes novos?
3. Identifique qual o objetivo de marketing para este setor.
4. Considerando o objetivo de marketing do setor analisado, relacione qual a estratégia de comunicação mais adequada.
5. Liste quais atividades do *mix* promocional o setor deveria utilizar em sua estratégia de comunicação para atender ao seu objetivo de marketing.

PARTE III

Estratégia de eventos

Ao identificar o posicionamento desejado para a marca, os objetivos de marketing da empresa e de cada segmento – de crescimento, aquisição, aquisição por diferenciação ou consolidação – e a tradução destes em estratégias de comunicação, o gestor de eventos estará pronto para o próximo passo de construção do Modelo de Gestão de Eventos: definir a Estratégia de Eventos da empresa. Se nas fases anteriores o gestor de eventos tinha pouca responsabilidade com relação às decisões da empresa, já que a definição do posicionamento da marca e das estratégias de comunicação são usualmente de responsabilidade das gerências de Marketing e de Comunicação, a partir deste momento ele passa a ser o responsável maior pelas decisões.

A estratégia de eventos é composta pelas seguintes decisões:

Capítulo 5 – Definição do orçamento de eventos
    5.1 Distribuição do orçamento de eventos entre os componentes da estratégia de comunicação
    5.2 Distribuição do orçamento de eventos entre os diferentes públicos-alvos da empresa
    5.3 Distribuição do orçamento de eventos por tipo de participação
    5.4 Distribuição do orçamento de eventos por abrangência e por regionalidade
Capítulo 6 – Definição da grade anual de eventos próprios e de terceiros
Capítulo 7 – Modelo de estrutura da área de eventos
Capítulo 8 – Comunicação da estratégia de eventos

Nesta parte é discutida cada uma dessas decisões.

5

Definição do orçamento de eventos

A primeira decisão que um gestor de eventos deve tomar diz respeito à definição do orçamento da área. Antes de estabelecer um orçamento para os eventos da empresa é preciso, entretanto, entender o caminho da distribuição da verba de marketing. O primeiro passo sempre é estabelecer objetivos, metas, estratégias e planos de ação da empresa. Somente assim seus gestores serão capazes de quantificar seu mercado-alvo, metas de participação de mercado, de posicionamento de marca, e definir o orçamento de marketing. Após esta definição, os responsáveis pela área distribuirão os investimentos entre as atividades, incluindo as de eventos.

Há na literatura de economia e administração inúmeros métodos e fórmulas para se estabelecer orçamentos para setores, unidades, programas, projetos, e assim por diante. Neste livro, serão apresentados os que são mais simples de ser executados e mais adaptados à gestão de eventos. Cada um possui vantagens e desvantagens, de acordo com o perfil e o volume de informações disponíveis ao gestor de eventos a respeito da empresa. Os métodos mais indicados para uso por este gestor são: *histórico*, *bottom-up* e *mix de clientes*.

Método histórico

Tem como base o histórico de determinado período do investimento em eventos e sua relação com a receita do mesmo período. Se o gestor de eventos levantar o volume de receita da empresa no último ano e relacioná-lo ao valor

66 Gestão estratégica de eventos

investido na área de eventos terá condições de realizar projeções para o próximo exercício com uma simples fórmula (a conhecida "regra de três"). Veja um exemplo de aplicação deste método para a empresa *By the Way*:

Quadro 5.1 *Histórico de investimento* **x** *projeção para o próximo ano*

Áreas	Total
Faturamento ano anterior	R$ 150.000.000,00
Investimento em eventos	R$ 7.500.000,00
% de invest. eventos/faturamento	5,00%

Áreas	Total
Faturamento projetado próx. exercício	R$ 190.000.000,00
Investimento em eventos calculado	**R$ 9.500.000,00**
% Histórico de invest. eventos/faturamento	5,00%

A empresa *By the Way* investiu no ano anterior 7,5 milhões de reais em eventos, o equivalente a 5% do faturamento total do mesmo período. Se ela pretende faturar 190 milhões no próximo exercício, basta multiplicar este valor pelo mesmo percentual e obter como resultado um investimento possível de cerca de 9,5 milhões de reais.

As vantagens deste método são:

- aplicação fácil e rápida, por requerer apenas a utilização de uma fórmula;
- necessidade de informações referentes apenas aos gastos anteriores com eventos e ao faturamento histórico e projetado;
- relação direta com o volume de vendas da empresa e a priorização dos segmentos.

Apesar das vantagens enumeradas, este método apresenta pontos negativos por não considerar dois fatores importantes: a estratégia de comunicação de cada segmento e a adequação aos percentuais aplicados no mercado.

Estratégia de comunicação de cada segmento

Apesar de considerar um dos fatores que compõem a priorização dos segmentos na estratégia de comunicação – a lucratividade –, este método não analisa o item como um todo. É preciso considerar, na definição do investimento em eventos de cada segmento, que, para cada tipo de estratégia há uma necessidade diferente. Assim, para uma estratégia que prioriza a exposição da marca, que deve incluir no plano de comunicação ações de propaganda, normalmente mais custosas, a empresa deverá reservar maior volume financeiro. Já para ações de relacionamento, este volume pode ser menor. A tabela a seguir mos-

Definição do orçamento de eventos   67

tra a relação entre objetivo de marketing, estratégia de comunicação e investimento em eventos.

Tabela 5.1 *Relação entre objetivo de marketing, estratégia de comunicação e investimento em eventos*

Objetivo de marketing	Estratégia de comunicação	Investimento em eventos
Aquisição por diferenciação	Exposição da marca, vendas	++++
Aquisição	Vendas, exposição da marca	+++
Crescimento	Relacionamento, vendas	+++
Consolidação	Relacionamento	++

Aplicada a regra a cada segmento de atuação da empresa *By the Way*, obtêm-se os seguintes resultados mostrados no quadro a seguir.

Quadro 5.2 *Volume de investimentos em eventos para cada segmento da empresa* **By the Way**

Segmento	Prioridade	Objetivo de marketing	Estratégia de comunicação	Volume de investimento
Bancos	1	Crescimento	Relacionamento, vendas	+++
Serviços financeiros	2	Crescimento	Relacionamento, vendas	+++
Varejo	19	Crescimento	Relacionamento, vendas	+++
Telecomunicações	4	Crescimento	Relacionamento, vendas	+++
Indústria automobilística	22	Consolidação	Relacionamento	++
Indústria de alimentos e bebidas	18	Consolidação	Relacionamento	++
Indústria química e petroquímica	17	Consolidação	Relacionamento	++
Indústria eletroeletrônica	12	Consolidação	Relacionamento	++
Indústria farmacêutica	5	Aquisição por diferenciação	Exposição da marca, vendas	++++
Indústria mecânica	21	Consolidação	Relacionamento	++
Governo	6	Crescimento	Relacionamento, vendas	+++
Saúde	8	Aquisição por diferenciação	Exposição da marca, vendas	++++
Agronegócios	3	Aquisição por diferenciação	Exposição da marca, vendas	++++
Serviços	12	Consolidação	Relacionamento	++
Comunicação & entretenimento	6	Aquisição por diferenciação	Exposição da marca, vendas	++++
Seguros	11	Aquisição	Vendas, exposição da marca	+++
Tecnologia e Internet	15	Aquisição	Vendas, exposição da marca	+++
Educacional	10	Aquisição	Vendas, exposição da marca	+++
Terceiro setor	9	Aquisição por diferenciação	Exposição da marca, vendas	++++
Pequenas e médias empresas	14	Crescimento	Relacionamento, vendas	+++
Pessoa física	16	Aquisição	Vendas, exposição da marca	+++
Condomínios residenciais e comerciais	20	Aquisição	Vendas, exposição da marca	+++

Nota-se, pelo quadro que, no caso da empresa *By the Way*, segmentos como indústria farmacêutica, saúde, agronegócios, comunicação e entretenimento e terceiro setor requerem um volume de investimento maior do que outros, como de serviço e de indústria mecânica. Caso tivesse sido utilizado o método histórico, apenas dividindo-se o valor do orçamento igualmente para cada segmento, essas diferenças não teriam sido observadas nem levadas em consideração.

Adequação aos percentuais aplicados ao mercado

Muitas empresas investem em eventos sem saber se o estão fazendo de forma coerente com o que o mercado aplica em termos de percentuais sobre o faturamento.

No Quadro 5.1, a *By the Way* aumentou, em um ano, sua verba de eventos de 7,5 milhões para mais de 9 milhões de reais, considerando como critério apenas o percentual histórico de investimento sobre o faturamento de 5% e aplicando este mesmo percentual à projeção de faturamento futuro. Duas perguntas, apresentadas a seguir, devem sempre ser feitas antes de qualquer decisão final sobre valores.

1ª. Este percentual está dentro dos limites aplicáveis no mercado? Ou seja, os 5%, no caso, foi um percentual coerente, estava acima do mercado, ou abaixo do necessário para trazer os resultados esperados? Para responder a esta questão sugere-se a realização de um *benchmark*, ou seja, um estudo das melhores práticas de mercado e a verificação de qual o percentual médio praticado entre as empresas do mesmo setor ou perfil.

Há vários estudos prontos e documentados que apresentam dados relacionados a esses percentuais. Um exemplo é o levantamento de 2005, realizado pela *TNS InterScience* em parceira com a *Revista Meio & Mensagem*, segundo o qual as empresas brasileiras investiram nas ferramentas de comunicação os percentuais indicados na Tabela 5.2.

Tabela 5.2 *Participação das ferramentas nas verbas de comunicação*

Ferramenta	2003	2004	2005*
Volume Total (%)	100,0	100,0	100,0
Propaganda	48,2	45,1	45,5
Promoção de vendas	11,3	12,3	11,1
Eventos	8,1	8,4	8,5
Comunicação no PDV	7,6	8,0	8,4
Marketing direto	6,0	6,2	5,7
Pesquisa de mercado	3,9	4,1	5,1
Internet	3,7	4,1	4,2
Patrocínio	3,6	3,5	3,7
Marketing social	3,5	2,7	2,7
Merchandising na TV	2,4	3,9	3,4
Marketing cultural	1,8	1,7	1,7

* Projeção

Fonte: Tendências do Mercado Publicitário – *TNS InterScience.*

O estudo aponta para um investimento médio das empresas brasileiras de consumo em eventos em torno de 8,5% do valor total da verba de comunicação. É preciso considerar que diferentes setores de mercado possuem diferentes estratégias de comunicação, que podem envolver uma, algumas ou muitas das ferramentas citadas na tabela.

Dependendo do setor, as empresas podem, por exemplo, apoiar toda sua estratégia em ações de promoções de vendas e eventos, ou em propaganda e patrocínio. Nestes dois casos, os percentuais deveriam sofrer significativas alterações para se adequarem à nova realidade. Desta forma, é preciso buscar informações mais próximas do tipo e do segmento da empresa. A Figura 5.1 expõe o modelo para uma empresa do segmento de tecnologia que é aplicável à *By the Way*. Nele, foram eliminadas as ações que não recebem, normalmente, verbas de empresas deste segmento, e essas porcentagens foram distribuídas e realocadas para outras ferramentas que costumam consumir maior volume de investimentos.

70 Gestão estratégica de eventos

Participação das ferramentas nas verbas de comunicação	
Ferramenta	2005
Volume total (%)	100,0
Propaganda	45,5
Promoção de vendas	11,1
Eventos	24,3
Comunicação no PDV	0,0
Marketing direto	5,7
Pesquisa de mercado	5,1
Internet	6,6
Patrocínio	0,0
Marketing social	0,0
Merchandising na TV	0,0
Marketing cultural	1,7

Figura 5.1 *Modelo de participação das ferramentas nas verbas de comunicação para empresas do setor de tecnologia corporativa*

Uma vez obtido o percentual de investimento das empresas do mesmo setor em eventos, comparado aos de comunicação, pode-se decidir pela adoção de um dentre três níveis de investimento, de acordo com o nível de agressividade desejado pela empresa. Assim, empresas com perfil mais agressivo poderiam optar por um percentual maior de investimento, enquanto aquelas moderadas optariam por um percentual dentro da faixa média do setor, e as de perfil mais conservador, por um percentual mínimo. Utilizando como exemplo os dados do setor da *By the Way*, os três possíveis níveis seriam:

Relação investimento em eventos *x* comunicação	
Estratégia	Verba de eventos (% sobre comunicação)
Agressiva	42,0%
Moderada	24,3%
Conservadora	17,0%

Figura 5.2 *Relação investimento em eventos* x *comunicação para a* **By the Way**

2ª. O aumento percentual nos investimentos refletirá os mesmos ganhos de faturamento, na mesma proporção?

Esta é outra questão que deveria ser colocada ao se cogitar do uso do método histórico para a definição do orçamento da área de eventos. Nem sempre o aumento nas verbas de comunicação refletem o mesmo aumento nos resultados de vendas. Eles podem ser consequência de uma série de outros fatores, ainda que relacionados a esta variável, como: a qualidade desses investimentos, ou não; o treinamento da equipe de vendas; o aumento do número de pontos de vendas; as melhorias nos processos comerciais etc. Da forma mesma como se estabelece um limite máximo das verbas para eventos sobre o orçamento de comunicação, é preciso definir níveis de agressividade sobre o faturamento estimado da empresa, analisando os casos de sucesso na mesma indústria. Para o caso do setor da *By the Way*, os níveis seriam:

Relação investimento em eventos *x* faturamento	
Estratégia	**Verba de eventos (% sobre faturamento)**
Agressiva	3,50%
Moderada	2,15%
Conservadora	0,80%

Figura 5.3 *Relação investimento em eventos* x *faturamento da* **By the Way**

Se utilizada a figura acima para analisar o caso da *By the Way*, logo se perceberia a necessidade de adequação da verba proposta inicialmente (R$ 9.500.000,00), com um percentual de 5% sobre o faturamento, para que esta estivesse, pelo menos, no limite máximo aplicado pelo setor de tecnologia corporativa (3,5%). Veja na Figura 5.4 a análise de adequação das verbas de eventos sobre o faturamento da *By the Way*.

Proposta inicial

Áreas	Total
Faturamento projetado próx. exercício	R$ 190.000.000,00
Investimento em eventos calculado	R$ 9.500.000,00
% Histórico de invest. eventos/faturamento	5,00%

Adequação percentual

Áreas	Total
Faturamento projetado próx. exercício	R$ 190.000.000,00
Investimento em eventos calculado	R$ 6.650.000,00
Adequação do percentual	3,50%

Figura 5.4 *Adequação da verba de eventos da* **By the Way** *aos percentuais de faturamento aplicados ao mercado*

72 Gestão estratégica de eventos

Nota-se pela Figura 5.4 que a *By the Way* deverá reduzir razoavelmente sua expectativa de verba para eventos caso pretenda se adequar à média de mercado. Se comparado ao valor investido no ano anterior, a empresa reduzirá de R$ 7,5 milhões para pouco mais de R$ 6,6 milhões, tendo que, com essa verba, ainda contribuir para aumentar seu faturamento em mais de 27%. Para garantir esses resultados, a empresa terá de rever seus processos e identificar formas de melhorias na utilização da verba de eventos. É claro que o correto, neste caso, em que há uma defasagem muito grande entre o calculado inicialmente e o ajustado, seria indicado que o gestor de eventos fizesse essa adequação gradativamente, isto é, reduzindo o percentual ano a ano até que chegasse ao desejado. Caso contrário, poderia causar desorganização dos processos, desmotivação do time e altos custos de troca de fornecedores.

Tanto no caso de adequação da verba de eventos para os níveis médios de percentual sobre os investimentos de comunicação como nos de faturamento é importante ressaltar que é preciso realizar as análises para cada um dos segmentos da empresa. É possível que para determinado segmento o gestor de eventos opte por um nível de agressividade diferente, levando em consideração sua prioridade para os resultados da empresa como um todo e a estratégia de comunicação para aquele determinado ano.

O Quadro 5.3 indica investimento em eventos para cada setor da empresa *By The Way*, analisando esses dois aspectos: prioridade para resultados da empresa e estratégia de comunicação. É preciso lembrar que o percentual apresentado no quadro deverá ser aplicado ao faturamento de cada segmento, e não ao da empresa como um todo.

Quadro 5.3 *Investimento em eventos para cada segmento da* By the Way

Segmento	Prioridade para os resultados da empresa	Objetivo de marketing	Estratégia de comunicação	Volume de investimento	Possível nível de investimento sobre faturamento
Bancos	1	Crescimento	Relacionamento, vendas	+++	2,1%
Serviços financeiros	2	Crescimento	Relacionamento, vendas	+++	2,1%
Varejo	19	Crescimento	Relacionamento, vendas	+++	0,8%
Telecomunicações	4	Crescimento	Relacionamento, vendas	+++	2,1%
Indústria automobilística	22	Consolidação	Relacionamento	++	0,8%
Indústria de alimentos e bebidas	18	Consolidação	Relacionamento	++	0,8%
Indústria química e petroquímica	17	Consolidação	Relacionamento	++	0,8%
Indústria eletroeletrônica	12	Consolidação	Relacionamento	++	0,8%
Indústria farmacêutica	5	Aquisição por diferenciação	Exposição da marca, vendas	++++	3,5%
Indústria mecânica	21	Consolidação	Relacionamento	++	0,8%
Governo	6	Crescimento	Relacionamento, vendas	+++	2,1%
Saúde	8	Aquisição por diferenciação	Exposição da marca, vendas	++++	3,5%
Agronegócios	3	Aquisição por diferenciação	Exposição da marca, vendas	++++	3,5%
Serviços	12	Consolidação	Relacionamento	++	2,1%
Comunicação & entretenimento	6	Aquisição por diferenciação	Exposição da marca, vendas	++++	3,5%
Seguros	11	Aquisição	Vendas, exposição da marca	+++	2,1%
Tecnologia e Internet	15	Aquisição	Vendas, exposição da marca	+++	2,1%
Educacional	10	Aquisição	Vendas, exposição da marca	+++	2,1%
Terceiro setor	9	Aquisição por diferenciação	Exposição da marca, vendas	++++	3,5%
Pequenas e médias empresas	14	Crescimento	Relacionamento, vendas	+++	2,1%
Pessoa	16	Aquisição	Vendas, exposição da marca	+++	2,1%
Condomínios residenciais e comerciais	20	Aquisição	Vendas, exposição da marca	+++	0,8%

74   Gestão estratégica de eventos

O método histórico acrescido de outros dois índices – estratégia de comunicação e adequação ao mercado – é aquele que traz mais vantagens à empresa em razão de sua facilidade de aplicação, sem que, para isto, haja perda de eficiência no resultado final.

Método *bottom-up*

Além do histórico, outro método para se obter o orçamento da área de eventos é o *bottom-up*, no qual o orçamento de eventos é estabelecido por meio da listagem dos eventos previstos no planejamento da empresa e da necessidade de verba para a execução de cada um. Foi-lhe dada esta designação porque gera a necessidade de verba de baixo para cima, isto é, listando primeiro os pequenos gastos com cada item de um dos eventos previstos, para depois obter-se o total estimado para aquele evento. Usando este processo para cada evento, chega-se à totalidade da verba necessária para o conjunto dos eventos planejados a cada ano.

O método *bottom-up* de cálculo é o mais utilizado por grande parte das empresas dada sua facilidade e rapidez de aplicação. Além disso, não depende de nenhuma outra informação ou área da empresa além dos próprios levantamentos realizados pelo gestor de eventos. Mas ele traz algumas desvantagens à empresa, como:

1. Induz a uma inversão nos processos de escolha dos eventos e das formas de sua participação. De acordo com esse método, primeiro elabora-se uma lista de eventos, para depois definir as verbas necessárias para sua execução. O processo correto é justamente o contrário: primeiro define-se a estratégia de comunicação e de eventos, incluindo o orçamento e os resultados propostos, para a então seleção e distribuição de verba entre possíveis eventos e formatos que atendam a esta estratégia.

2. O método *bottom-up* tem também a desvantagem de não permitir ao gestor de eventos a priorização do orçamento para cada segmento de atuação da empresa, o que poderia causar, e normalmente causa, uma disputa por verbas entre os gestores de cada um deles.

3. A soma das despesas pode facilmente extrapolar a verba disponível, já que não se tem a visão do conjunto, somente de cada evento.

Em virtude dos problemas citados, este método deve ser aplicado somente em última instância, nos casos em que os outros dois não puderem ser executados.

Método *mix* de clientes

Este é outro método para a definição do orçamento de eventos, que, apesar de mais eficiente que os demais, é o mais complexo de ser aplicado. Ele analisa os custos de aquisição e de retenção de clientes e a relação de cada um com a estratégia de comunicação e de eventos.

Os passos necessários para sua aplicação são:

- a empresa precisará conhecer qual seu investimento médio histórico necessário para se conseguir ganhar um cliente e também para mantê-lo;
- depois de identificados esses valores, estabelecer objetivos para o próximo ano em termos do número de novos clientes a serem conquistados e de clientes a serem conservados na base;
- feitos estes cálculos, por fim, deve identificar a contribuição dos eventos para atingir esses objetivos e o orçamento necessário para tal.

A vantagem deste método é que fica claro para a direção da empresa como a estratégia de eventos servirá para auxiliar nos resultados finais. Além disso, estipula uma relação direta entre valores de investimento e conquistas na base de clientes. Enquanto essa relação for favorável os investimentos serão aprovados, ocorrendo o inverso caso o processo não se mostre eficiente.

É apresentada a seguir a fórmula para aplicação do método *mix* de clientes, utilizando-se o exemplo fictício da empresa *By the Way*. Neste exemplo, a empresa projetou uma expectativa de aquisição de 300 novos clientes para o próximo exercício, e a retenção de seus 1.500 clientes atuais. Os custos históricos anuais para adquirir e reter clientes são respectivamente R$ 10 mil e R$ 7 mil.

A verba para eventos foi calculada considerando que eles contribuem com 30% deste resultado e que, portanto, devem receber essa mesma proporção do total de investimento necessário.

Ano	Custo de aquisição	Número de novos clientes	Custo de retenção	Número de clientes a reter
Projeção	R$ 10.000,00	300	R$ 7.000,00	1.500

Verba para eventos = [(R$10.000,00 × 300) + (R$ 7.000,00 × 1.500)] × 30%	R$ 4.050.000,00

Figura 5.5 *Cálculo da verba para eventos utilizando o método* mix *de clientes da* By the Way

Segundo este método e a Figura 5.5, a *By the Way* deveria reservar uma verba de R$ 4.050.000,00 para sua estratégia de eventos, o que representaria 2,1% do faturamento previsto de R$ 190.000.000,00, valor bem inferior ao proposto nos primeiros cálculos, porém bastante adequado a uma estratégia de investimento moderada.

Distribuição do orçamento de eventos entre os componentes da estratégia de comunicação

Já foi visto nos capítulos anteriores que, para cada objetivo de marketing, há um *mix* mais adequado dos componentes da estratégia de comunicação e, consequentemente, uma necessidade diferente de investimento em eventos. Uma vez identificado o valor total de investimento para eventos, o segundo passo é justamente distribuir este valor entre cada objetivo de comunicação, para cada segmento da empresa. Para tanto, será necessário que o gestor traduza o nível de importância de cada componente do *mix* de comunicação para cada objetivo de marketing em percentuais de investimento.

A Figura 5.6 indica como isto pode ser feito. É importante notar que mesmo nos objetivos nos quais um dos componentes da estratégia de comunicação não seja prioritário, dificilmente ele receberá um percentual menor do que 20% da verba, já que o limite entre as ações de relacionamento (R), exposição da marca (EM) e vendas (V) é muito estreito, ou seja, de difícil separação exata.

Distribuição da verba de eventos entre os objetivos de marketing	Objetivo de marketing	R	EM	V
	Objetivo de aquisição (+diferenciação)	20%	45%	35%
	Objetivo de crescimento	45%	20%	35%
	Objetivo de consolidação	65%	25%	10%
	Objetivo de aquisição	20%	35%	45%

Figura 5.6 *Distribuição da verba de eventos entre os objetivos de marketing*

Distribuição do orçamento de eventos entre os diferentes públicos-alvos da empresa

Outro fator que deve ser considerado na definição da estratégia de eventos é o modelo de negócio da empresa. Este pode ser classificado em *business-to--business* (B2B) ou *business-to-consumer* (B2C).

As empresas que atuam no modelo B2B vendem produtos e serviços para outras empresas, ou seja, possuem como clientes pessoas jurídicas. Já no mercado de bens de consumo, ou B2C, as empresas comercializam seus produtos e serviços para pessoas físicas (consumidores finais).

Tradicionalmente, as empresas do modelo B2B investem menos em exposição da marca do que em relacionamento, já no mercado B2C ocorre o contrário. Esta diferença se deve a diversos fatores, mas principalmente porque é mais fácil pensar em se relacionar com poucas empresas do que com um grande número de consumidores; assim como não são necessárias grandes ações de divulgação da marca para atingir um número definido e bem segmentado de empresas. Na Figura 5.7 são ilustradas essas diferenças.

Objetivo	Modelo B2B	Modelo B2C
EM	20%	60%
R	40%	10%
V	40%	30%

Figura 5.7 *Média de percentual de investimento em dois modelos de negócios*

78   Gestão estratégica de eventos

Nem sempre as empresas se enquadram em apenas um ou outro modelo de negócios. Isto significa que determinada empresa pode comercializar produtos e serviços tanto para o mercado corporativo quanto para o de consumidores finais. Existem várias empresas que adotam este modelo misto, como a Microsoft, empresas de telecomunicações e até escolas de inglês, que recebem alunos em suas sedes, mas também negociam com empresas pacotes exclusivos ou customizados. Nestes casos, a definição da estratégia de eventos é muito mais complexa. Ela deve levar em consideração as diferenças entre se comunicar com diferentes públicos. É muito comum ver empresas que, na tentativa de atingir tanto outras empresas quanto consumidores de uma única vez, como, por exemplo, em um único evento, costumam perder o foco e não conseguem obter bons resultados nem com um público nem com o outro.

Empresas que atuam em modelos de negócios mistos devem pensar na distribuição da verba de eventos entre públicos corporativos e de pessoas físicas, considerando a prioridade de cada um para a receita e o posicionamento da marca, além do objetivo de comunicação da empresa.

Distribuição do orçamento de eventos por tipo de participação

Historicamente, as empresas costumam investir em eventos da mesma forma, ano após ano. Algumas priorizam os eventos realizados por elas mesmas. Outras preferem patrocinar eventos de terceiros. Esta é uma decisão importante na definição da estratégia de eventos da empresa, e deve levar em consideração alguns aspectos como os citados a seguir:

Adequação dos eventos existentes com os objetivos da empresa

Há uma grande dificuldade por parte dos promotores de eventos em idealizar projetos customizados para cada um ou para alguns clientes. Em vez de ouvir necessidades e criar projetos segmentados, muitos deles costumam optar por eventos padronizados e, portanto, de fácil execução. Neste caso, é comum que empresas, ao se depararem com essas ofertas padronizadas, não enxerguem benefícios reais no patrocínio ou aquisição desses projetos. Caso a empresa não encontre no mercado eventos que atendam às suas necessidades específicas, a solução é realizá-los por conta própria.

Capacidade de atrair o público-alvo

Se por um lado é difícil encontrar eventos que atendam às necessidades específicas de cada empresa, por outro é também difícil conseguir atrair público para seus eventos próprios. Um dos grandes motivos para as empresas apostarem em eventos de terceiros é justamente a promessa de que eles podem aproximar seus patrocinadores de seu público-alvo, o que dificilmente as empresas conseguiriam sozinhas com seus próprios eventos.

Investimento em estrutura

Se a empresa pretende optar pela realização de eventos próprios em grande quantidade, deverá considerar as consequências em termos de necessidade de estrutura, própria ou terceirizada, e de volumes de investimento. Neste caso, todos os custos com a divulgação e a organização do evento ficam a cargo e sob a responsabilidade da empresa.

Exclusividade perante o mercado

Eventos de terceiros envolvem, normalmente, vários patrocinadores. Se forem concorrentes entre si, deverão se empenhar para atrair a atenção do público presente. Se a empresa pretende apresentar seus produtos e serviços de forma exclusiva, longe de seus concorrentes, deverá fazê-lo por conta própria. Além dos fatores analisados, é importante considerar que, de acordo com cada estratégia de comunicação, haverá uma forma de participação mais adequada à empresa, conforme mostra a Figura 5.8.

Estratégia	Relação
R	Prioridade em eventos próprios.
EM	Prioridade em eventos de terceiros.
V	Equilibra os anteriores.

Figura 5.8 *Relação entre estratégia de comunicação e forma de participação em eventos*

Estratégia de relacionamento (R)

Quando o principal componente da estratégia for o relacionamento, a empresa deverá priorizar eventos próprios. Como os clientes são conhecidos, é possí-

80 Gestão estratégica de eventos

vel reuni-los com maior facilidade e dar formato e conteúdo especialmente desenvolvidos para atingir os interesses da empresa com aquele evento. Além disso, o evento será exclusivo, sem a presença de concorrentes. Neste caso, os eventos de terceiros dificilmente conseguiriam atrair uma grande parte dos clientes de todas as empresas patrocinadoras e possibilitar uma aproximação interessante entre eles.

Estratégia de exposição da marca (EM)

Se a empresa tem interesse em garantir divulgação para o maior número de espectadores possíveis, ainda que bem segmentados, os eventos de terceiros costumam ter mais sucesso para este fim. Eles são capazes de atrair pessoas e profissionais que, por ainda não conhecerem ou conhecerem pouco a empresa, dificilmente atenderiam ao seu chamado para um evento próprio.

Estratégia de vendas (V)

Tanto em eventos próprios quanto nos de terceiros é possível adotar uma boa estratégia para vender produtos e serviços a potenciais clientes. Para responder qual das duas configurações é a mais eficiente, é preciso analisar o que, além de vendas, se pretende como segundo objetivo. Se for relacionamento, e se o público for composto na sua maioria por clientes, recomenda-se o uso de eventos próprios. Por outro lado, se for exposição da marca para potenciais clientes, a melhor opção seria a de patrocinar ou participar de eventos de terceiros.

A seguir, é apresentada uma tabela com quatro possíveis categorias de proporção da divisão da verba de eventos para cada tipo de participação. Essa divisão deverá ser atribuída a cada segmento de atuação da empresa.

Tabela 5.3 *Categorias de proporção da divisão da verba de eventos por tipo de participação*

Categoria	Eventos próprios	Eventos de terceiros
A	80%	20%
B	60%	40%
C	40%	60%
D	20%	80%

Distribuição do orçamento de eventos por abrangência e por regionalidade

Empresas podem participar de eventos para expor suas marcas, para gerar relacionamento com clientes ou para vender seus produtos e serviços. Em todos os casos, elas podem fazer isso com abrangência segmentada ou de forma a atender à empresa como um todo. Assim, o gestor de eventos deverá distribuir a verba e classificar os eventos da empresa entre as duas possíveis abrangências: eventos institucionais ou eventos segmentados.

Eventos institucionais

São aqueles cuja prioridade é o desenvolvimento e o posicionamento da marca da empresa. A participação da empresa, nestes casos, ocorre de forma a apresentá-la como um todo, e não cada área ou segmento de forma individualizada.

Eventos segmentados

A prioridade, nestes casos, está no desenvolvimento e no atendimento da estratégia de cada área ou segmento de negócio da empresa. A participação é direcionada de forma a apresentar determinada área da empresa sem grande preocupação em relacioná-la com as demais, a não ser para dar credibilidade ao conjunto.

É importante que o gestor de eventos consiga distribuir a verba entre essas duas formas de participação, pois disso dependerá uma série de decisões, como a escolha da melhor grade de eventos que possa atender a uma ou outra abrangência de forma prioritária e a opção pelo formato desses eventos.

Além da abrangência institucional ou segmentada, é preciso que os eventos sejam classificados também por sua regionalidade. Empresas que atuam com matriz e filiais devem decidir qual será a partilha da verba de eventos entre todos os seus escritórios regionais. Esta distribuição pode ser realizada tendo como base o faturamento de cada filial ou, da mesma forma como sugerido na divisão por segmentos, analisando-se as estratégias e prioridades de cada uma. De qualquer maneira, será necessário, quando da separação e seleção dos eventos, classificá-los de acordo com seu raio de atendimento. Assim,

82   Gestão estratégica de eventos

os eventos podem ser classificados em duas categorias: eventos regionais com público nacional e eventos regionais com público regional.

Eventos regionais com público nacional

Estes eventos, apesar de poderem ser realizados em determinada cidade ou estado, possuem uma amplitude muito maior do que somente a daquela região. Tal amplitude dependerá do público-alvo presente. É o caso, por exemplo, das grandes feiras nacionais realizadas no estado de São Paulo, mas que atingem público de todo o Brasil e que, por isso, atraem também patrocinadores de outros estados, e até de outros países. Nestes casos, o evento possui, além de objetivos regionais, também uma forte contribuição para a estratégia da empresa como um todo, contribuindo ainda para todas suas subsidiárias.

Eventos regionais com público regional

Alguns eventos realizados regionalmente podem atrair apenas o público daquele local, não sendo de interesse nacional. Nestes casos, a empresa deve ter ciência de que o investimento aplicado será todo em benefício da filial localizada naquela cidade ou estado, e que, portanto, deve vir somente dela. É comum filiais solicitarem verbas nacionais para eventos regionais. Como muitas empresas não definem em suas estratégias de eventos limites e orçamentos para diferentes abrangências e regionalidades, contabilizando todos os custos em uma única linha, torna-se complicada sua avaliação e até recusa, se for preciso, de liberação dessas verbas.

A seguir é apresentada a Figura 5.9, que resume a estratégia de eventos da empresa *By the Way* conforme os quatro itens discutidos neste capítulo (1. Distribuição do orçamento entre os componentes de estratégia de comunicação; 2. Distribuição do orçamento entre os diferentes públicos-alvos da empresa; 3. Distribuição do orçamento por tipo de participação; 4. Distribuição do orçamento por abrangência e por regionalidade).

Estratégia de eventos da *By the Way* para o próximo exercício

Orçamento de Eventos: R$ 6.650.000,00

Abrangência	
Eventos institucionais	30%
Eventos segmentados	70%

Distribuição dos Eventos Segmentados

Segmento	Objetivo de marketing	Estratégia de comunicação	Volume de investimento	Possível nível de investimento sobre faturamento	(1) Estratégia			(2) Público-alvo		(3) Tipo de participação	
					Relac.	Exposição da marca	Vendas	PJ	PF	Própria	Terceiro
Bancos	Crescimento	Relacionamento, vendas	+++	2,1%	45%	20%	35%	60%	40%	60%	40%
Serviços financeiros	Crescimento	Relacionamento, vendas	+++	2,1%	45%	20%	35%	100%	0%	60%	40%
Varejo	Crescimento	Relacionamento, vendas	+++	0,8%	45%	20%	35%	100%	0%	60%	40%
Telecomunicações	Crescimento	Relacionamento, vendas	+++	2,1%	45%	20%	35%	50%	50%	60%	40%
Indústria automobilística	Consolidação	Relacionamento	++	0,8%	65%	25%	10%	100%	0%	80%	20%
Indústria de alimentos e bebidas	Consolidação	Relacionamento	++	0,8%	65%	25%	10%	100%	0%	80%	20%
Indústria química e petroquímica	Consolidação	Relacionamento	++	0,8%	65%	25%	10%	100%	0%	80%	20%
Indústria eletroeletrônica	Consolidação	Relacionamento	++	0,8%	65%	25%	10%	100%	0%	80%	20%
Indústria farmacêutica	Aquisição por diferenciação	Exposição da marca, vendas	++++	3,5%	20%	45%	35%	100%	0%	40%	60%
Indústria mecânica	Consolidação	Relacionamento	++	0,8%	65%	25%	10%	100%	0%	80%	20%
Governo	Crescimento	Relacionamento, vendas	+++	2,1%	45%	20%	35%	100%	0%	60%	40%
Saúde	Aquisição por diferenciação	Exposição da marca, vendas	++++	3,5%	20%	45%	35%	100%	0%	40%	60%
Agronegócios	Aquisição por diferenciação	Exposição da marca, vendas	++++	3,5%	20%	45%	35%	100%	0%	40%	60%
Serviços	Consolidação	Relacionamento	++	2,1%	65%	25%	10%	100%	0%	80%	20%
Comunicação & entretenimento	Aquisição por diferenciação	Exposição da marca, vendas	++++	3,5%	20%	45%	35%	100%	0%	40%	60%
Seguros	Aquisição	Vendas, exposição da marca	+++	2,1%	20%	35%	45%	100%	0%	60%	40%
Tecnologia e Internet	Aquisição	Vendas, exposição da marca	+++	2,1%	20%	35%	45%	70%	30%	60%	40%
Educacional	Aquisição	Vendas, exposição da marca	+++	2,1%	20%	35%	45%	100%	0%	60%	40%
Terceiro setor	Aquisição por diferenciação	Exposição da marca, vendas	++++	3,5%	20%	45%	35%	100%	0%	40%	60%
Pequenas e médias empresas	Crescimento	Relacionamento, vendas	+++	2,1%	45%	20%	35%	100%	0%	60%	40%
Pessoa física	Aquisição	Vendas, exposição da marca	+++	2,1%	20%	35%	45%	0%	100%	60%	40%
Condomínios residenciais e comerciais	Aquisição	Vendas, exposição da marca	+++	0,8%[1]	20%	35%	45%	60%	40%	60%	40%

Figura 5.9 *Estratégia de eventos da* By the Way

[1] Ajuste do nível de agressividade considerando a prioridade do segmento para a empresa.

ATIVIDADES

1. Tendo como base uma determinada empresa (ou mais de uma, se possível) e, considerando os dados de faturamento realizados no ano passado e os previstos para este ano, faça uma projeção dos níveis de investimento em eventos necessários para se igualar ao percentual investido no ano anterior.

2. Se possível, procure diferentes empresas, sem citar nomes, que empregam cada um dos métodos descritos neste capítulo. Você acha que se elas adotassem outro método seria melhor? Qual ou quais? Por quê?

3. Analise o percentual de investimento em eventos sobre o orçamento de comunicação de sua empresa em comparação com outras do mesmo setor. Sua empresa investe de forma agressiva, moderada ou conservadora?

4. Caso sua empresa necessite de um ajuste nos níveis de investimento em eventos, por estarem super ou subdimensionados, calcule qual seria o valor adequado de investimento.

5. Para o setor analisado nas atividades do Capítulo 4, qual seria o percentual adequado para investimento em eventos? Por quê?

6

Definição da grade anual de eventos próprios e de terceiros

Quem acha que vender um projeto é tarefa complexa, comprar pode ser tão ou ainda mais difícil. Já foi visto aqui que muitos gestores estabelecem a lista ou grade de eventos sem metodologia definida, ou seja, de forma subjetiva e sem as análises necessárias para boas escolhas. Eles optam, muitas vezes, por aqueles eventos dos quais a empresa costumeiramente participa, ano a ano, que terá a presença de concorrentes, ou, ainda, porque o promotor ofereceu algum benefício atrativo.

O processo correto de escolha de eventos deve observar os seguintes passos:

- considerar a oferta da empresa, isto é, as soluções que servirão para apresentar seu posicionamento desejado. Pode-se tratar de produtos, serviços ou ambos, constituir-se apenas de produtos exclusivos da empresa ou ser uma junção deles com os de outros parceiros;
- identificar o público-alvo que comprará esta solução. Para isso, existem várias formas de segmentação, como geográfica, por faixa etária, sexo, perfil de consumo, nível socioeconômico, área de negócio e cargo, entre outros;
- selecionar e criar os eventos que melhor se adequam à oferta, ao público-alvo e à estratégia de eventos da empresa.

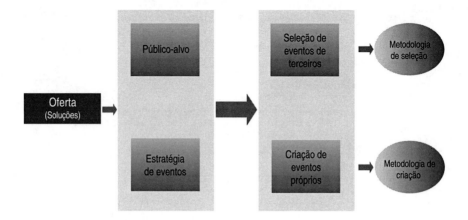

Figura 6.1 *Processo de escolha dos eventos*

A escolha da grade de eventos e do formato depende de vários critérios e de análises que deverão ser feitas pelo gestor de eventos. Para isto, a autora desenvolveu duas metodologias, uma para ajudar o gestor a selecionar e priorizar os eventos de terceiros que a empresa deverá participar, e a outra para definir quais eventos e de que forma a empresa deverá organizar de próprio punho.

Há orientações básicas que devem ser observadas para ambos os casos, e há aquelas específicas para cada um. As orientações básicas para ambas as metodologias são:

- priorizar a **qualidade** de cada participação em contrapartida à quantidade de participações. É melhor participar de poucos eventos, mas de forma destacada, do que estar presente em vários eventos sem ou com pouca representatividade;
- decidir sobre a participação de eventos de terceiros com base em análise **criteriosa.** Como é mais fácil patrocinar ou participar de eventos de terceiros do que realizar seus próprios, muitas empresas optam pela participação de eventos sem analisar sua qualidade. É preciso selecionar de forma criteriosa quais os eventos que mais se aproximam dos objetivos da empresa;
- dar preferência à participação em **eventos segmentados** em contrapartida aos genéricos. Devem ser priorizados aqueles em que a empresa

Definição da grade anual de eventos próprios e de terceiros   87

possa apresentar suas soluções para seu público-alvo sem haver desvio para públicos que não sejam de seu interesse, mesmo que para isto o gestor tenha que justificar a presença de um público menor no evento;

- apresentar ao público **soluções completas** e customizadas, em vez de serviços separados e genéricos. Quanto mais próxima estiver a solução das reais necessidades dos clientes presentes no evento, maiores serão as chances de sucesso da empresa naquela participação;
- **valorizar** os profissionais da própria empresa em todos os eventos, seja indicando-os para palestrar no evento, ou, caso isto não seja possível, custeando sua participação nos seminários, congressos e reuniões que sejam de interesse para a empresa e para o próprio profissional;
- sempre considerar, ao tomar decisões sobre eventos, **parceiros** que, em conjunto com a empresa, alavanquem resultados e otimizem custos;
- **inovar** e buscar formas **diferenciadas** de participação nos eventos. Procurar, a cada evento, novas formas de se apresentar e de apresentar suas soluções, sempre considerando o posicionamento desejado. Nunca passar em branco em um evento, ou cair no ridículo por excesso de diferenciação, como, por exemplo, com modelos provocantes, estande muito "criativo", promoções que não servem para propósitos de negócios ou que nada têm a ver com os produtos ou com o público-alvo;
- priorizar eventos que ofereçam **retorno mensurável**, que comprovadamente proporcionem o desenvolvimento de negócios.

A seguir são apresentadas as metodologias para selecionar e priorizar eventos de terceiros e para definir eventos próprios e seus formatos.

Seleção e priorização dos eventos de terceiros

Um evento pode entrar na empresa por dois caminhos: o promotor do evento oferece o projeto, ou a empresa toma conhecimento do projeto ao pesquisar eventos que estejam alinhados aos seus objetivos de marketing. Em função da grande concorrência de mercado, a primeira situação é a mais comum.

Quando há grande quantidade e opções similares de eventos é preciso saber selecionar e priorizar aqueles de maior interesse para a empresa. A aplicação de uma metodologia preparada para tal pode orientar os gestores nesta decisão. A metodologia é composta por indicadores estratégicos, subdivididos em indicadores analíticos, conforme mostra a Figura 6.2.

Figura 6.2 *Metodologia de análise e priorização para seleção de eventos de terceiros*

Antes de priorizar eventos de terceiros, é preciso identificá-los no mercado por meio da elaboração de uma lista-base. Será a partir dela que o gestor aplicará a ferramenta de priorização para, então, obter a grade final de eventos de terceiros.

Para elaborar esta lista-base, o gestor pode procurar informações em diversas fontes, como:

* *Equipe de vendas*: por estarem no mercado, visitando clientes e participando de eventos onde têm a oportunidade de conhecê-los e de se atualizarem tecnicamente, os vendedores da empresa constituem uma excelente fonte de pesquisa dos eventos oferecidos no mercado.

* *Prestadores de serviços*: as agências de comunicação, propaganda, assessorias de imprensa e de captação de recursos para patrocínio cultural que prestam serviços à empresa devem ser consultadas e colocadas em campo para que pesquisem os melhores projetos.

Definição da grade anual de eventos próprios e de terceiros   89

- *Mídia*: os principais eventos contam com uma estratégia de divulgação na mídia. As revistas, jornais e *websites* da área são fontes usuais de pesquisa. Ao final do livro, apresenta-se uma lista de fontes para busca e consulta de eventos de terceiros, classificadas entre associações e órgãos governamentais, publicações, *websites*, espaços e organizadoras de eventos. Ao consultar essas fontes, pode-se ter informações sobre os principais eventos nacionais e muitos dos internacionais.

- *Promotores tradicionais de eventos*: se a empresa já consegue identificar tradicionais promotores de eventos, e se estes não lhe oferecerem seus serviços, pode contatá-los para verificar as novidades, e até para propor novas ideias a serem desenvolvidas no futuro.

- *Inteligência de mercado*: a empresa pode se utilizar de seus recursos internos de inteligência de mercado para investigar os eventos que tenham a participação da concorrência e que, portanto, devem ser analisados.

Da lista-base de eventos de terceiros devem constar as seguintes informações, essenciais para haver entendimento geral sobre as características e o perfil de cada um e para a adequada aplicação da metodologia:

- *Evento*: nome do evento, com tema e número da edição.

- *Rápida descrição*: apresentação do evento e da empresa promotora ou sua organizadora, contendo a missão e a história ou justificativa para a realização.

- *Público-alvo*: descrição dos participantes convidados, identificando se são pessoas físicas ou jurídicas e quais os perfis.

- *Expositores/patrocinadores*: relação e descrição dos expositores e patrocinadores contatados ou confirmados para a referida edição ou participantes de edições anteriores.

- *Local, data, horário*: apresentação do local do evento para a edição atual ou, caso ainda não esteja definido, das edições anteriores. Data e horário previstos, com descrição sucinta do programa, caso já esteja estabelecido.

- *Valor médio de participação*: estimativa de investimento para o evento, calculado sobre participações anteriores ou com informações fornecidas pelos promotores do evento ou por outras empresas.

- *Principal área de negócio da empresa*: identificação da área de negócio ou segmento da empresa que será o maior beneficiário da participação no respectivo evento.

- *Áreas secundárias*: relação de outros segmentos ou áreas de negócio que atuarão diretamente no evento.

- *Principal estratégia de comunicação*: apresentação da principal estratégia do evento, identificando se esta é de relacionamento, de vendas ou de exposição da marca.

- *Pontos fortes e fracos*: descrição das características mais positivas do evento e daquelas que poderiam prejudicar sua escolha e que, portanto, deveriam ser levadas em consideração na aplicação da metodologia.

As informações citadas deverão ser apresentadas em forma de tabela, conforme exemplo a seguir da empresa *By the Way*, com parte de sua grade de eventos de terceiros.

Tabela 6.1 *Lista-base parcial de eventos de terceiros levantados pela empresa* **By the Way**

Evento	Rápida descrição	Público-alvo		Expositores, patrocinadores	Local	Data	Horário	Valor Médio de participação	Principal área de negócio	Áreas secundárias	Principal estratégia	Pontos fortes	Pontos fracos
		Público estimado	Descrição										
Congresso IBGC – 7ª edição do Congresso de Governança Corporativa	O IBGC – Instituto Brasileiro de Governança Corporativa é o único órgão criado com a meta principal de contribuir para otimizar o conceito de governança corporativa nas empresas do país. Ao abraçar esta missão, o Instituto visa a cooperar com o aprimoramento do padrão de governo das empresas nacionais, para seu sucesso e perpetuação. A boa governança corporativa assegura aos sócios equidade, transparência, prestação de contas (*accountability*) e responsabilidade pelos resultados.	400	Corporativo.	Patrocínio/ apoio: Bradesco, Banco do Brasil, ABN AMRO Asset Management, Itaú, Petrobras, Natura, Sabesp.	Gran Meliá (2005), a confirmar (2006).	20 e 21 novembro (2005), a confirmar em 2006.	Jantar de abertura 20h às 22h30. Dia seguinte das 8 às 18h.		Bancos e serviços financeiros.	Tecnologia & Internet; governo.	Relacionamento.	Na cerimônia de encerramento será entregue o Prêmio IBGC de Governança Corporativa para Empresas.	
Tecnologia para Educação no setor privado – 2ª edição	Compartilhe experiências e conhecimento com experts no assunto. Abordaremos assuntos de grande relevância, pertinentes à utilização da tecnologia na gestão do negócio e nos processos de ensino e aprendizagem nos formatos presencial e a distância.	100	Executivos das seguintes instituições: universidades privadas de todo o país, escolas privadas de todo o país, consultorias especializadas em educação, profissionais especializados e acadêmicos, órgãos do governo e fornecedores de tecnologia (produtos, serviços e soluções) para a vertical educação, em todo o país.	Patrocínio/apoio: UNO Sistema de Ensino, Hecutech, Microsiga, Intelligence, BusinessTech.	Maksoud Plaza Hotel (2005), a confirmar (2006).	Outubro.	Das 8h30 às 19h.		Educacional.	Tecnologia & Internet.	Relacionamento.	Workshop no último dia sobre tecnologia no ensino.	

Gestão estratégica de eventos

Tabela 6.1 *continuação*

Evento	Rápida descrição	Público-alvo		Expositores, patrocinadores	Local	Data	Horário	Valor Médio de participação	Principal área de negócio	Áreas secundárias	Principal estratégia	Pontos fortes	Pontos fracos
		Público estimado	Descrição										
CONAREC – Congresso Nacional de Relacionamento entre Empresa e Cliente	Voltado para atender às necessidades de profissionais de marketing, vendas, customer care, relacionamento, call/contact center, RH, CRM, entre outros, de empresas dos mais diversos segmentos. O CONAREC é o maior e mais importante evento de relacionamento empresa-cliente da América Latina. É representa uma efetiva contribuição para a disseminação e valorização de contatos, experiências, práticas, metodologias e tecnologias capazes de consolidar a posição do Brasil como um dos países mais qualificados em relações empresa-cliente no mundo.	2.000	Profissionais de marketing, vendas, customer care, relacionamento, call/contact center, RH, CRM, entre outros.	Patrocínio/apoio: Correios, Nortel, AVAYA, Microsoft, Siemens, Vivo, Electro, entre outras.	Hotel Transamérica.	13 a 14 de setembro.	Das 8 às 20h.		Serviços.	Tecnologia & Internet.	Exposição da Marca e Relacionamento.	Congresso com Painel Internacional e exposição.	
IT Business Forum	O IT Forum reúne os executivos de TI das maiores empresas do país dos setores de telecomunicação, finanças, governo, comércio, indústria e serviços e os principais fornecedores de produtos e soluções de TI.	80	Executivos de negócios.	Patrocínio/apoio: ASG, Claro, Cognus, Computer associate, Embratel, SAS, Telefônica, Telemar, Vivo, SAP, Sonda Imarés.	Comandatuba (2005), a confirmar (2006).	Agosto – 4 dias.	Período integral.		Tecnologia & Internet.		Relacionamento.		
Agriforum	Um dos eventos de maior sucesso e importância no setor de agronegócios do país, um evento inédito de conteúdo, relacionamento e negócios, entre agricultores e pecuaristas empreendedores que, individualmente ou através de associações ou cooperativas, forjaram e conduzem a base do grande complexo que é hoje o agronegócio brasileiro, responsável por quase um terço do PIB do país.	90	Principais Agroempresários da produção de soja, algodão, de pecuária e cana, e presidentes de cooperativas.	Patrocínio/apoio: Bayer, Banco do Brasil, Du Pont, Marfrig, Oracle SAP, Unisys, Vivo, Monsanto, entre outros.	Comandatuba (2005), a confirmar (2006).	Agosto – 5 dias.	Período integral.		Agronegócios.		Relacionamento.		

Definição da grade anual de eventos próprios e de terceiros   93

Tabela 6.1 *continuação*

| Evento | Rápida descrição | Público-alvo | | Expositores, patrocinadores | Local | Data | Horário | Valor Médio de participação | Principal área de negócio | Áreas secundárias | Principal estratégia | Pontos fortes | Pontos fracos |
		Público estimado	Descrição										
Saúde Business Forum	O Saúde Business Forum é hoje o principal evento sobre gestão hospitalar do país, reunindo durante 4 dias as lideranças do setor hospitalar na Ilha de Comandatuba. Criado e organizado pela IT Mídia, tem sido um encontro balizador no que diz respeito ao nível de convidados, patrocinadores, organização e conteúdo direcionado.	80	Dirigentes de hospitais que mais investem no país.	Patrocínio/apoio: Microsiga, AGFA, GE, Kodak, MV Sistema, Philips, Siemens, Vivo, White Martins, entre outros.	Comandatuba (2005), a confirmar (2006).	Setembro – 5 dias.	Período integral.		Saúde.		Relacionamento.		
IDC Brasil Financial Insights Conference 2006	A IDC Brasil Financial Insights Conference 2006 visa a oferecer uma oportunidade única a fornecedores de soluções e serviços de tecnologia de aproximação com CIOs, diretores e gerentes de tecnologia dos principais bancos e seguradoras que atuam no Brasil.	120	Executivos "C" Level de bancos e seguradoras, diretores e superintendentes de ti de bancos e seguradoras, gerentes de infraestrutura de bancos e seguradoras, gerentes de aplicações de bancos e seguradoras.	Patrocínio/apoio: 1ª edição no Brasil. Ainda não tem patrocínio.	Centro de Conferências AMCHAM, São Paulo.	4 de abril.	A partir das 8h.		Bancos e serviços financeiros.	Governo; seguros.	Exposição da marca e relacionamento.		
Futurecom – 8ª edição	O Futurecom, que está em sua 7ª edição, é um empreendimento totalmente privado, cujos alicerces são sustentação são baseados na participação das empresas operadoras nacionais e internacionais, dos clientes corporativos, dos grandes distribuidores e dos fornecedores de bens e de serviços de telecomunicações e tecnologia da informação, formando um círculo virtuoso que conta também com a fundamental participação da Anatel e do Ministério das Comunicações.	8.000	Clientes corporativos de sistemas de telecomunicações e de tecnologia da informação; imprensa, autoridades governamentais etc.	Patrocínio/apoio: Nokia, IBM, Cisco System, Accenture, Brasil Telecom, CPQD, Embratel, Vivo, Tim, Claro, entre outras.	Centro de Convenções CentroSul (2005) a confirmar (2006).	Outubro – 4 dias.	1º dia abertura a partir das 20h, demais dias das 9h as 20h.		Telecomunicações.	Governo; tecnologia & Internet.	Exposição da marca e relacionamento.		

Indicadores estratégicos e analíticos

Após o levantamento de todos os eventos disponíveis, a empresa parte para a seleção e consequente obtenção da lista final de eventos de terceiros. Os indicadores estratégicos para seleção e priorização dos eventos de terceiros encontram-se representados na Figura 6.3 e discutidos a seguir:

Figura 6.3 *Indicadores estratégicos para seleção e priorização de eventos de terceiros*

- *Estratégia de eventos*: o posicionamento da marca e as estratégias de comunicação e eventos da empresa e de cada área de negócio ou segmento devem guiar as decisões e a seleção e priorização de eventos.

- *Proposta única de valor*: é preciso buscar eventos inovadores que possibilitem aos seus patrocinadores ou participantes a adoção de estratégias inovadoras. Fornecedores inflexíveis e eventos com fórmulas desgastadas não são capazes de viabilizar uma estratégia diferenciada.

- *Gestão por resultados*: se o fornecedor do evento não oferece garantia de resultados, não provê ferramentas de apoio na avaliação e não consegue priorizar qual a estratégia de comunicação do evento, não está preocupado com o sucesso de seu cliente.

- *Tendências*: é preciso considerar a adequação de cada proposta às tendências de mercado de cada área e às do setor de eventos.

◆ *Parceria*: eventos que viabilizam a união de esforços com parceiros da empresa multiplicam os resultados e os recursos.

Para cada indicador estratégico, existe uma série de indicadores analíticos que servirão para o gestor avaliar a adequação de cada evento da lista-base às suas reais necessidades.

Estratégia de eventos	Tendências	Proposta única	Parceria	Gestão por resultados
⬇	⬇	⬇	⬇	⬇
• Posicionamento	• Áreas potenciais	• Evento único	• Ações conjugadas	• Objetivo de comunicação claro
• Público-alvo		• Formato exclusivo		• Ferramenta de avaliação
• Objetivo de comunicação		• Relação de parceria		• Relação custo--benefício
• Adequação orçamentária				

Figura 6.4 *Indicadores analíticos*

Ferramenta de priorização de eventos de terceiros

Uma vez elaborada a lista-base de eventos, o gestor pode aplicar a ferramenta de priorização utilizando os indicadores estratégicos e analíticos para análise e preenchimento da Tabela 6.2 e obter como resultado a ordem de prioridade dos eventos de terceiros para a empresa. Esta aplicação pode ser realizada de uma única vez para todas as áreas e segmentos da empresa, ou analisada individualmente para cada uma dessas áreas e segmentos.

Tabela 6.2 *Priorização dos eventos de terceiros*

Segmento _____

Evento	Estratégia de eventos					Tendências		Proposta única				Parceria		Gestão por resultado				Nota final	Classificação
	Posicionamento	Público	Objetivo	Orçamento	TOTAL 1	Potência 1	TOTAL 2	Evento único	Formato	Relação	TOTAL 3	Ações	TOTAL 4	Objetivo claro	Avaliação	Custo-benefício	TOTAL 5		

Critério	Escala (1-10)	Peso
Estratégia		
Tendências		
Proposta		
Parceria		
Gestão		

A aplicação da ferramenta é bastante simples. Para cada evento da lista-base o gestor deverá atribuir uma nota de 1 a 10 para cada indicador analítico. A média dos indicadores analíticos comporá a nota total de cada indicador estratégico. A soma desses totais resultará a nota final para aquele determinado evento e, consequentemente, sua classificação na lista. O número inicial de projetos pesquisados é grande, e vai sendo reduzido por meio desta metodologia, até que se chegue à grade ideal de eventos de terceiros para a empresa.

Caso o gestor deseje atribuir pesos diferentes para cada indicador estratégico na composição da nota final, pode fazê-lo utilizando a tabela de escalas localizada ao lado da planilha. Cada critério – indicador estratégico – poderá ter escala de importância diferente, sempre de 1 a 10, alterando seu peso e a nota final obtido pelo evento em análise.

A fim de orientar o gestor de eventos no preenchimento da planilha de priorização de eventos e atribuição de cada nota, elaborou-se uma série de perguntas, com dicas de análises.

Tabela 6.3 *Perguntas de apoio à análise e priorização de eventos de terceiros*

Indicadores analíticos

Indicador estratégico	Indicador analítico	Perguntas de apoio à análise	Orientações para análise
Estratégia de eventos	Posicionamento	1. Quão bem o evento está alinhado ao posicionamento da empresa?	É preciso verificar se o evento possui a mesma imagem que a empresa pretende transmitir ao mercado.
		2. Quão importante é participar do evento para a imagem da empresa?	Se a empresa não participar desse evento, como essa decisão afetará sua imagem? E se participar, trará algum retorno para a empresa não alcançado de outra forma por meios menos onerosos?
	Público	1. Quanto o público presente no evento representa do *target* da empresa?	Se o evento não atinge especificamente o *target* da empresa, é melhor optar por outra ação dirigida e focada. Por específico entende-se os segmentos e perfis de consumo *target* para a empresa.
		2. Será possível ter uma comunicação dirigida ao público presente, ou será um comunicação de massa?	
		3. O perfil do público presente está totalmente alinhado ao *target* da empresa?	
	Objetivo de comunicação	4. Qual é o objetivo de comunicação do evento? Está alinhado ao objetivo da área?	É preciso considerar o objetivo de comunicação da área/segmento da empresa para responder se o evento atenderá a este objetivo e se será para um ou mais segmentos prioritários.
		5. Os segmentos presentes no evento são aqueles de maior prioridade para a empresa?	
		6. Por que a empresa está indo ao evento? Apresentar alguma novidade? Produto novo? Serviço novo? Data especial? Ou porque participa todos os anos e os concorrentes estarão lá?	Se a empresa não tem nada de diferente a dizer do que o mercado já sabe, e está participando apenas para manter sua marca presente em um evento tradicional, deve repensar se este alto investimento poderia ser alocado em evento próprio.
	Orçamento	1. Quanto o evento representará do total do orçamento da área?	Saber o percentual que o evento representa no budget da área ajuda a definir prioridades e a decidir se é realmente necessária essa participação.
		2. Quanto dos recursos da área será necessário e qual o valor desses recursos para a empresa? Além do montante financeiro, o que mais deverá ser providenciado ou será da responsabilidade da empresa?	Aos custos do evento deve-se acrescentar também os de infraestrutura e de recursos consumidos no evento. Empresas, ao se decidirem por um evento, desconsideram, muitas vezes, esses custos e até a possível inviabilidade técnica de sua execução.

Tabela 6.3 *continuação*

Indicador estratégico	Indicador analítico	Perguntas de apoio à análise	Orientações para análise
Tendências	Áreas potenciais	1. Quanto o evento está relacionado às tendências de mercado da área?	Um evento que não dita "moda" e não está à frente das tendências do setor não corresponde à estratégia de eventos da empresa, por maior que possa ser. O público entenderá a ausência da empresa caso perceba uma desatualização do evento, mas não a ausência em um evento inovador e atual.
		2. O quê o mercado está falando sobre o evento? É atual, traz inovações, ou está desatualizado?	
Parceria	Ações conjugadas	1. É possível obter apoio e participação de parceiros da empresa no evento com o objetivo de alavancar os objetivos de comunicação e na diluição de custos?	Fazer-se presente "sozinho" no evento limita o poder de participação da empresa. Se ela conseguir envolver parceiros importantes alavancará muito os resultados, sejam estes de exposição de marca, vendas ou relacionamento.
Proposta única	Evento único	1. Quão apropriado está o formato do evento em relação às tendências do setor de eventos?	Feiras estão em decadência por sua falta de novidades e formatos não diferenciados. Os "novos eventos" trazem uma fórmula diferente, pois se preocupam com o relacionamento, a interatividade, um conteúdo inovador e a geração de negócios, fatores hoje determinantes para garantir a presença de público.
		2. Existe outro evento similar em termos de estratégia, público-alvo e formato? Ele foi pesquisado? Qual é prioritário?	Existem, hoje, vários eventos similares no mercado. Se este é só mais um, é preciso procurar aquele que é único.
		3. Qual a opinião das pessoas que foram envolvidas no evento, caso não seja a primeira edição?	Ouvir funcionários, parceiros e fornecedores que participaram do evento é uma estratégia pouco aplicada nas empresas, mas que deveria apoiar a decisão.
		4. Quais outras empresas participaram da edição anterior ou irão participar na próxima? Elas possuem objetivos e estratégias similares às da sua empresa?	Não constitui boa estratégia pautar-se pelo que os concorrentes estão fazendo e espelhar neles suas decisões. É preciso procurar uma estratégia diferenciada e única para conquistar vantagem competitiva. Casos como o da Unisys que, em determinado ano, organizou um evento paralelo à Comdex e obteve resultados muito mais expressivos nos dão um exemplo de empresas que apostam em suas próprias estratégias, sem copiar a concorrência.
	Formato exclusivo	1. Qual o posicionamento do promotor do evento quanto à aceitação de novas formas e formatos de participação? E formatos exclusivos?	Se quando o promotor do evento é inflexível com relação às possibilidades de exposição, relacionamento e vendas de seus clientes, ele não permite a diferenciação entre as empresas, "matando", assim, a criatividade delas. Formatos estanques não garantem à empresa mostrar seu novo posicionamento.

Tabela 6.3 *continuação*

Indicador estratégico	Indicador analítico	Perguntas de apoio à análise	Orientações para análise
	Formato exclusivo	2. Como a empresa participará do evento: da mesma forma de sempre, com um stand, ou com um formato inovador e exclusivo; com ações de interatividade, relacionamento e conteúdo essencial ao público presente? Sua participação será diferenciada?	Nem sempre promotores do evento oferecem formatos diferenciados, mas, às vezes, recebem e aceitam ideias originais de seus clientes. Neste segundo caso, é responsabilidade do cliente inovar e buscar soluções que os diferenciem dos demais participantes. A empresa terá a preocupação e os recursos necessários para garantir essa diferenciação?
		3. O formato escolhido ou proposto pelo promotor do evento está alinhado aos objetivos de comunicação do evento?	Um evento que promete resultados de vendas deve oferecer um formato focado em vender; o que diz aprimorar o relacionamento entre cliente e fornecedor deve oferecer ações que favoreçam interação; e aquele que promete exposição da marca deve possuir várias ações de divulgação. Apesar da obviedade dessas afirmações, é preciso reforçar a atenção a este critério, pois muitos promotores não entregam formatos de acordo com a estratégia que prometem.
	Relação de parceria	1. Quão tradicional é o evento e como tem sido o histórico de sua realização e da participação da empresa?	Verificar os resultados alcançados nas edições anteriores do evento é uma forma de dar maior credibilidade à renovação do contrato.
		2. O promotor do evento é um parceiro ou um fornecedor? Ele está pronto a desenvolver um relacionamento de longo prazo ou há apenas a preocupação da venda imediata?	Quando o promotor do evento procura seus clientes após a realização de uma edição para avaliar seu *feedback* e oferecer melhorias do que não agradou, manutenção do que foi bom e aceitação de novas sugestões, ele está desenvolvendo uma relação saudável e de sucesso entre as duas partes. O promotor deste evento possui essa postura? A empresa tem poder de influenciar nas escolhas e decisões sobre sua participação no evento e mesmo sobre o evento em si?
		3. O promotor ouve as ideias da empresa e procura adequar as necessidades ao evento?	
Gestão por resultado	Objetivo claro de comunicação	1. O promotor do evento soube especificar e informar o objetivo de comunicação prioritário do evento? Ou ele trata deste item de forma genérica?	É muito comum o promotor não conseguir especificar o objetivo principal do evento. Se isto estiver acontecendo, "saia dessa". Ele justificará o evento com vários argumentos e a empresa não saberá exatamente qual a estratégia.

Tabela 6.3 *continuação*

Indicador estratégico	Indicador analítico	Perguntas de apoio à análise	Orientações para análise
Gestão por resultado	Ferramenta de avaliação	1. O promotor fornecerá as informações necessárias à avaliação dos resultados do evento?	Hoje em dia, muitos promotores de eventos estão atentos a esta necessidade e oferecem avaliações completas dos eventos de sua organização. Os que não o fazem, certamente não estão preocupados com a manutenção do cliente e do relacionamento, ou não promovem eventos visando resultados claros.
		2. Os resultados esperados para o evento são claros e específicos, ou vagos e genéricos?	Para saber o que está sendo avaliado, é preciso antes que se estabeleçam os critérios e os objetivos de tal avaliação. Justificar a participação em um evento por meio de um objetivo tão genérico que se torne incapaz de oferecer comparação entre os resultados alcançados com os esperados é prejudicial à empresa. É preciso, portanto, listar objetivos específicos, quantitativos e mensuráveis. Se a empresa responder que é impossível efetuar essa lista para este evento, não se deve dele participar.
		3. A empresa tem recursos e ferramentas para avaliar os resultados do evento no curto prazo? E no longo prazo? Foi desenvolvida uma estratégia pós-evento para dar continuidade ao investimento?	É comum empresas não saberem ou não conseguirem lidar com as informações e dados obtidos em um evento. Muitas participam de eventos, por exemplo, para arrecadar base de dados de prospects, mas muitas dessas não possuem uma estratégia pós-evento para trabalhar essa base no curto, médio e também no longo prazo. Nesse caso, despenderam um valor altíssimo com nenhum, ou quase nenhum, resultado.

Tabela 6.3 *continuação*

102

Gestão estratégica de eventos

Indicador estratégico	Indicador analítico	Perguntas de apoio à análise	Orientações para análise
Gestão por resultado	Relação custo--benefício	1. Se a empresa optasse por outra ação de comunicação dirigida ao mesmo público conquistaria maior sucesso?	Esta é uma questão de prioridade. A empresa em questão, assim como qualquer outra, possui limites de investimento e, por isso, precisa comparar ações e seus respectivos resultados esperados. Ao listar os objetivos para o evento ela deverá se fazer a seguinte pergunta: é possível conseguir esse objetivo de forma menos dispendiosa e mais eficiente? Listar todas as opções de ações de comunicação que atendam aos mesmos objetivos e compará-las é um instrumento poderoso para priorizar aquelas que mereçem maiores investimentos. Porém, é preciso, para isso, a participação de todas as áreas envolvidas nessa decisão.
	Relação custo--benefício	2. Não é melhor realizar um evento próprio a participar deste? Quais as vantagens? 3. Com este valor e recursos não seria mais interessante participar ou de realizar outro evento?	Quando a empresa não tem marca expressiva no seu *target* ou tem como estratégia a exposição da marca para uma massa, já que atua no mercado de bens de consumo, deve optar por participar de eventos de massa, geralmente de terceiros. No caso de a empresa atuar de forma segmentada e possuir expressividade em seu mercado, sugere-se a ampliação da organização de eventos próprios, nos quais é possível comunicar e se relacionar com o público de seu real interesse de forma inovadora e diferenciada. É muito mais eficiente.

Após a aplicação da metodologia apresentada, será possível fechar a grade de eventos de terceiros da empresa, dela constando, então, apenas aqueles selecionados durante o processo de priorização. Esses eventos deverão ser listados e registrados em formulários, apresentados no Capítulo 9.

Geração de eventos próprios

Uma vez obtida a grade de eventos de terceiros, a empresa deve elaborar outra, contendo os eventos próprios. Da mesma forma que no caso dos eventos de terceiros, o gestor deverá analisar, de forma bastante criteriosa, quais a empresa deverá gerar de forma própria para atingir os objetivos da estratégia de eventos.

Já foi visto neste capítulo que os eventos próprios são indicados em certas circunstâncias, como para preencher uma lacuna deixada pela escassez de oferta de eventos que atendam às necessidades específicas da empresa ou quando o objetivo da empresa está centrado no relacionamento com a base de clientes. Desta forma, uma vez feita a triagem daquilo que é encontrado no mercado, o gestor poderá partir para a elaboração da grade de eventos próprios da empresa.

Para a elaboração desta grade, indica-se uma série de tipos e formatos de eventos comumente organizados por grandes instituições nacionais e internacionais. Para cada tipo, são listados objetivos gerais e vantagens na sua utilização. Com base nessas listas é possível estabelecer prioridades em eventos próprios. A seguir são apresentados formatos de eventos próprios que uma empresa pode considerar, com uma explicação sucinta sobre cada um e seus objetivos. Para quem queira ou necessite se aprofundar na organização desses eventos, sugere-se a leitura dos Capítulos 3 e 5 do livro *Organização de eventos: teoria e prática*, da mesma autora.

Congressos e seminários

Congressos e seminários são eventos em que profissionais de empresas da mesma área de atuação reúnem-se, em local fechado e restrito aos participantes, para discutir sobre temas de interesse comum, como: situação do mercado, novas tendências, conceitos, tecnologias etc. A organização desse tipo de evento poderá ser de responsabilidade de uma empresa terceira ou de or-

104 Gestão estratégica de eventos

ganização própria. Organizando de forma própria, a empresa pode garantir, por meio de certo controle dos temas, que o conteúdo seja favorável à sua imagem e aos objetivos esperados com o evento. Quando opta por fazê-lo de forma própria, deve respeitar a imparcialidade esperada pelos participantes com relação ao conteúdo apresentado. A ideia é apresentar vários assuntos relacionados ao tema principal, convidando conferencistas e palestrantes de diversas empresas e áreas de atuação, além daqueles da própria empresa.

Há vários objetivos para uma empresa organizar um congresso ou seminário, como:

- para lhe conferir credibilidade, demonstrando que possui profissionais com domínio técnico sobre o tema;
- apresentar uma nova tecnologia, preparando o mercado para recebê-la com maior entusiasmo;
- manter relacionamento com clientes, fornecedores, parceiros e profissionais de outras empresas que detenham conhecimentos específicos sobre o tema apresentado no evento.

Palestra

Palestras consistem da apresentação realizada por um especialista ou autoridade em determinado assunto, para um público que detenha sobre este algum conhecimento, mas que pretende aprimorar esses conhecimentos ou trocar experiências com os demais participantes. Se a empresa optar pela organização de uma palestra, deve primeiramente ter a certeza de que seu palestrante é reconhecido no meio como uma autoridade notória no assunto; caso contrário, o evento tanto não será benéfico como também desfavorável à imagem da empresa. Os objetivos de se organizar uma palestra em muito se assemelham aos dos congressos e seminários, com a diferença da simplicidade, pelo fato de se utilizar apenas um palestrante em vez de recorrer a profissionais também de outras empresas.

Debate

Como o próprio nome indica, a principal característica de um debate é confrontar diferentes ideias ou pontos de vistas sobre determinado assunto.

Definição da grade anual de eventos próprios e de terceiros **105**

O debate pode ser desenvolvido com dois ou mais profissionais orientados e mediados por um moderador que coordena as perguntas, controla o tempo de resposta e garante que as regras sejam aplicadas de forma criteriosa e imparcial entre os debatedores. Neste tipo de evento, apesar de não ser permitida a participação do público presente com comentários ou perguntas aos oradores, gera-se uma discussão rica e de grande proveito a todos os participantes, uma vez que ao final costuma ser possível um melhor posicionamento entre dois lados antagônicos. Uma empresa deve recorrer a um debate quando tem como principais objetivos:

- colocar à prova duas ideias ou conceitos em que haja dúvida da melhor aceitação por parte do mercado, mas que não prejudique a imagem ou credibilidade da empresa com relação a esta dúvida;
- comparar, desde que se tenha certeza de sua superioridade, suas ideias ou produtos com os da concorrência, permitindo que o público participante comprove essa superioridade. Esse objetivo é bastante utilizado quando há um confronto visível entre empresas concorrentes junto aos veículos de comunicação. É quase um tira-teima do que se tem dito na mídia sobre essas empresas;
- oferecer ao público participante – normalmente clientes, fornecedores e parceiros – discussões a respeito de tendências e projeções futuras sobre o mercado ou determinada tecnologia, sob diferentes pontos de vista e, com isso, conferir credibilidade à empresa, demonstrando que ela possui interesse em debater e contribuir para um melhor futuro, seja este da nação, do mundo, das empresas de determinado setor, de um mercado específico.

Convenção de vendas

As convenções de vendas são eventos destinados à equipe de vendas interna, externa e aos canais de distribuição da empresa (revendedores, parceiros comerciais, representantes etc.), em local, data e horário estabelecidos por ela.

Se a empresa trabalha com comercialização de produtos e serviços mediante uma grande equipe de vendas, seja ela interna, externa ou via representantes e distribuidores, é importante que seja realizada pelo menos uma

106 Gestão estratégica de eventos

convenção de vendas por ano, em que seja possível reunir toda essa força de vendas em um único local em que os participantes possam discutir estratégias, planos, resultados, dificuldades e outros aspectos do negócio em comum. Empresas organizam convenções de vendas com os seguintes objetivos:

- manter contato direto e constante com toda a força de vendas, ouvindo sugestões, dúvidas e principais dificuldades que cada colaborador possa ter na comercialização dos produtos e serviços da empresa;
- promover a integração de todos os colaboradores da empresa e de seus canais de venda, mantendo um bom relacionamento entre eles e, consequentemente, um melhor futuro trabalho de equipe;
- estabelecer parâmetros e diretrizes para a definição dos planos estratégicos e táticos da empresa, com a contribuição daqueles que trazem grande experiência de campo;
- motivar a equipe comercial e ganhar seu maior entusiasmo, envolvimento e dedicação, por meio de alguns mecanismos, como promoções, jogos, palestras etc.;
- antecipar a apresentação de novidades e lançamentos, inclusive dando abertura a sugestões de melhorias.

Road shows

Como o próprio nome diz, *road shows* são eventos que viajam para diversos lugares, levando o mesmo conteúdo. São utilizados quando é necessário atingir um público bastante abrangente, de todas as regiões de atuação da empresa.

Os *road shows* costumam fazer muito sucesso, particularmente fora do eixo Rio-São Paulo, pois os consumidores de outras regiões são ávidos e carentes de novidades e da participação em eventos de importância nacional. Eles são muito utilizados por empresas que pretendem lançar seus produtos e serviços nacionalmente, respeitando as características e o perfil de cada região. Além disso, podem ser utilizados para manter atualizados parceiros comerciais ou mesmo clientes com relação aos produtos e serviços da empresa por meio de treinamentos locais.

A organização desse tipo de evento costuma ser bastante complexa. Como eles podem se prolongar por meses, e a cada data a equipe estar em um local diferente, é preciso que haja uma programação bem estabelecida e sincroniza-da para que nada de errado ocorra durante toda a sua trajetória.

Entre os principais objetivos dos *road shows* pode-se destacar:

- lançamento de produtos/serviços em regiões com características muito diferentes entre si, respeitando o perfil do consumidor de cada uma dessas regiões;
- treinamento de clientes e/ou parceiros, atualizando-os com relação aos produtos e serviços da empresa;
- prospecção de novos clientes em regiões de pouca representatividade da empresa, atraindo um novo público consumidor.

Workshop

Quando a empresa necessita solucionar um problema ou obter opinião sobre determinada ação ou estratégia, pode optar pela organização de um *workshop*. Para tanto, ela pode reunir colaboradores internos para discutir assuntos rele-vantes para o futuro da empresa ou mesmo para tentar solucionar seus proble-mas operacionais; pode chamar parceiros comerciais para analisar melhorias na relação; reunir profissionais de mercado, especialistas em determinados temas para analisar situações e tendências de mercado; verificar a reação de clientes e parceiros perante uma nova ideia ou conceito de produto; e assim por diante.

Coletiva de imprensa

Quando a empresa possui uma novidade de interesse público, como lança-mento oficial de um produto ou serviço, aquisição de outra empresa, conquis-ta de um novo cliente ou anúncio de bons resultados no ano, costuma organi-zar um evento com a imprensa, normalmente um café da manhã ou almoço, para que tal notícia seja anunciada nos veículos de comunicação.

Eventos sociais, culturais e desportivos

Existem inúmeras possibilidades de eventos que – com atividade de cunho social, cultural ou esportivo – permitem às empresas atingir seus propósitos de forma eficaz e prazerosa ao mesmo tempo.

108   Gestão estratégica de eventos

Empresas criativas e voltadas às novas tendências de mercado com relação a eventos estão buscando alternativas que complementem e quebrem a frieza e a formalidade dos eventos mais comumente utilizados. Elas captaram o anseio de profissionais por um tratamento mais próximo e mais voltado ao seu lado humano e social, organizando eventos sociais, culturais e esportivos para aliar à sua finalidade técnica outros de relacionamento entre empresa, funcionários e clientes. Entre esses eventos podem-se citar: jantares, coquetéis, cafés da manhã, *happy hours*, almoços, eventos em casas noturnas, viagens de incentivo, teatros, exposições, espetáculos, shows, campeonatos esportivos, eventos gastronômicos, *open house* etc. Alguns dos principais intuitos desses tipos de eventos são:

- lançamento de produtos/serviços. Por terem maior poder de atração do público-alvo, esses eventos são muito eficazes para lançar um novo produto. Criado o ambiente adequado, o lançamento será muito mais empolgante e memorável do que se fosse realizado em um evento formal. O fator surpresa garante mais atenção e expectativa ao que será apresentado no evento e a descontração do ambiente aproxima com maior facilidade os convidados à novidade apresentada;
- anúncio de notícias importantes para clientes, parceiros ou profissionais da empresa, como uma fusão da empresa com outra de renome internacional; o lançamento de uma nova campanha publicitária; de uma promoção envolvendo o canal de vendas e o atendimento ou a superação das metas e objetivos da empresa, entre outros;
- estreitamento do relacionamento com clientes e parceiros, tornando-os "íntimos", garantindo sua satisfação e, consequentemente, fidelidade e bons negócios futuros;
- valorização dos clientes VIP, ou seja, aqueles que representam maior valor à empresa por meio de ações exclusivas;
- inauguração oficial de uma nova sede da empresa, demonstrando um crescimento estável e a expansão dos negócios;
- premiação por resultados alcançados por parte dos profissionais da empresa, valorizando seu trabalho e motivando-os para desafios ainda maiores;
- troca de experiências entre profissionais de diferentes empresas com o aproveitamento e utilização das *best practices* nas melhorias internas de cada uma dessas empresas;

Definição da grade anual de eventos próprios e de terceiros   109

- aprimoramento pessoal e aumento de conhecimentos dos participantes em atividades culturais, sociais e desportivas.

Vídeo ou teleconferência

Empresas que utilizam a tecnologia de videoconferência, com uso de recursos audiovisuais, ou de teleconferência, com recursos de telefonia, para organizar eventos, o fazem quando pretendem reunir participantes de locais diferentes e distantes, de cidades ou mesmo países diferentes, de forma rápida, muitas vezes em caráter de urgência.

As vantagens de se utilizar esta tecnologia estão relacionadas aos custos acessíveis, à facilidade de organização e ao tempo para preparo do evento. Por outro lado, apesar da interatividade obtida por esse tipo de reunião e pela possibilidade de obter a imagem dos participantes, no caso da videoconferência, uma desvantagem reside no fato de não haver contato físico entre participantes, tornando o evento impessoal. Entre os principais objetivos do uso da videoconferência podem-se destacar:

- entrevistas de candidatos para determinada função, quando sediados em regiões distantes da sede da empresa;
- treinamentos de curta duração;
- apresentações de resultados da empresa para investidores e acionistas;
- reuniões de curta duração entre colaboradores e parceiros sediados em diferentes localidades;
- apoio a palestras, congressos, seminários e outros eventos, quando há a necessidade de divulgação para um número de participantes maior do que comporta a sala;
- lançamentos e demonstrações de produtos que não exijam proximidade com os participantes;
- apresentações de campanhas de mídia, de forma simultânea, para funcionários sediados em diferentes localidades.

Com relação às teleconferências, por não contarem com imagem transmitida em vídeo, possuem aplicações mais restritas, a saber:

- reuniões de cúpula, com periodicidade semanal, em que os principais executivos da empresa apresentam resultados, principais atividades desenvolvidas naquela semana e aquelas a serem desenvolvidas na semana seguinte. Podem também ser tratadas questões de ordem operacional que necessitem de ações de várias áreas;

- reuniões, em caráter de urgência, entre matriz e filiais, para lançar determinado desafio ou buscar opiniões sobre a melhor maneira de resolver determinado problema;
- anúncios de grande importância e de interesse imediato, como sobre a contratação de novo funcionário, apresentando seu currículo e suas responsabilidades;
- divulgação, em caráter de exclusividade, de ações a serem desenvolvidas pela empresa nos próximos dias;
- entrevista preliminar com candidatos a determinada vaga da empresa que estejam fora da sua região para verificar com quais poderá dar sequência às entrevistas.

Webcasts

Os *webcasts* são transmissões ao vivo, gratuitas e com tempo de duração predeterminado, de conteúdo específico, normalmente técnico, para participantes com certo conhecimento sobre o assunto. Não permitem interação entre apresentador e audiência, porém, como seu conteúdo é gravado, podem ficar disponíveis na Internet por vários dias, de acordo com o interesse da empresa.

Entre os objetivos de um *webcast* podem-se citar:

- apresentação de resultados da empresa para investidores e acionistas, mantendo os dados financeiros disponíveis para futuras consultas;
- cursos e treinamentos sobre determinado assunto, como nova tecnologia ou equipamentos;
- lançamentos de produtos, com apresentação de suas características e diferenciais.

Webconferences

As *webconferences* são utilizadas para conduzir reuniões, apresentações, treinamentos, cursos ou para a realização de eventos de grande porte, como as conferências, por meio da transmissão pela Internet.

Uma das principais características que as diferenciam dos *webcasts* é a interatividade entre os participantes, ou seja, a possibilidade de participação destes por meio de perguntas, opiniões e observações, entre outros, durante a transmissão.

Para a realização de uma *webconference*, cada participante utiliza seu próprio computador para se conectar com os demais participantes de duas maneiras: ou baixando uma aplicação por meio de senha exclusiva para cada participante ou acessando o endereço (URL) da conferência na Internet.

A apresentação do palestrante, bem como a comunicação entre ele e os participantes, é feita por meio de uma linha telefônica comum ou, de forma mais atual, com o uso da tecnologia de VoIP (voz sobre IP). No segundo caso, é possível tanto manter os participantes no anonimato como liberar o conteúdo da conversa de cada um com o palestrante para todos os demais participantes.

Webinars

Os *webinars* são uma derivação das *webconferences* e se caracterizam pela possibilidade limitada de interação ou mesmo pela ausência de interação entre público e apresentador durante a explanação. Normalmente um palestrante conduz a apresentação do conteúdo do evento até o final, sem interrupções e, ao final, é aberto ao público participante, um espaço para perguntas e respostas.

Grade anual geral de eventos para a empresa

A junção da lista de eventos de terceiros, já apresentada, com a relação de eventos próprios descritos compõe a lista final de eventos da empresa. Além da elaboração de uma lista geral final, com todos os eventos, apresentada em forma de planilha, o gestor da área de eventos deve manter o registro individual de cada um. A política de preenchimento e manutenção deste registro, bem como o formulário para tal, são apresentados no Capítulo 9, destinado às políticas e processos de gestão operacional da área de eventos.

A seguir é apresentado um modelo de tabela com uma lista final de eventos, acompanhado da estratégia de cada um.

Tabela 6.4 *Lista final anual de eventos da empresa By the Way*

Nº	Evento	Investimento (R$)	Objetivo de comunicação (%)			Público-alvo (%)		Tipo de participação (1 ou 0)		Abrangência (1 ou 0)		Área de negócio (%)				Segmento
			EM	V	R	PJ	PF	Próprio	Terceiro	Institucional	Segmentado	Área 1	Área 2	Área 3	Área 4	
1																
2																
3																
4																
5																
6																
7																
8																
9																
10																
11																
12																
13																
14																
15																
16																
17																
18																
19																
20																
21																
22																
23																
24																
25																
26																
27																
TOTAL																

ATIVIDADES

1. Por que as empresas encontram dificuldades em escolher os eventos de terceiros de que devem participar?
2. Para o setor analisado nas atividades dos dois capítulos anteriores, prepare uma lista-base de eventos, pesquisando junto às fontes de informações apresentadas neste capítulo.
3. Aplique a ferramenta de priorização de eventos de terceiros para selecionar quais o setor deveria participar.
4. Quais as principais diferenças entre os seguintes tipos de eventos: congressos, palestras e *road shows*?
5. Por que várias empresas estão investindo fortemente em eventos sociais, culturais ou desportivos?
6. Quais as vantagens e desvantagens de se organizar eventos por meio do uso da Internet em vez de presenciais?

7

Modelo de estrutura
da área de eventos

Muitas empresas têm dificuldades para decidir qual o melhor modelo de estrutura para suas áreas de eventos. Na verdade, não existe um único modelo ideal que possa ser adotado por qualquer tipo e porte de empresas, porque cada uma possui necessidades diferentes e únicas. Cada empresa deve, portanto, buscar seu próprio modelo, de forma a atender a suas próprias necessidades.

Grandes instituições, por exemplo, que contam com diversas unidades de negócios, devem decidir entre manter uma estrutura única, centralizada na matriz, responsável pela organização de todos os eventos da empresa, ou manter estruturas independentes subordinadas à gerência de cada unidade. Empresas pequenas, por sua vez, também têm suas dificuldades, principalmente em decidir entre manter estrutura própria ou terceirizar a área de eventos.

Pretende-se, neste capítulo, ajudar o gestor a responder a todas essas e outras dúvidas comumente encontradas na gestão de eventos das empresas. De maneira geral, são duas as decisões que a empresa deve tomar com relação à estrutura da área de eventos: manter estrutura própria ou contratar estrutura terceirizada, e, no caso de estrutura própria, qual o modelo a ser adotado.

A seguir são apresentadas as características de cada uma das decisões acima.

Manter estrutura própria ou contratar estrutura terceirizada

Uma empresa pode optar por estruturar a organização de seus eventos de três formas diferentes, sejam estes de realização própria ou com a participação em

116 Gestão estratégica de eventos

eventos de terceiros: mantendo uma estrutura própria, terceirizando a organização ou adotando uma combinação das duas.

Dentre os fatores importantes para se decidir pela conveniência ou não de se terceirizar a organização de eventos de uma empresa, devem ser considerados:

- grau de importância da atividade eventos;
- filosofia da empresa;
- ponderações de ordem econômica;
- previsão da forma de participação dos eventos;
- grau de profissionalismo da empresa para a organização de eventos.

Grau de importância da atividade eventos

O número anual de eventos dos quais se pretende participar é importante para se poder decidir sobre a terceirização ou não da estrutura de eventos de uma empresa, assim como o valor a ser investido nesta atividade.

Muitas empresas, de acordo com sua atuação no mercado e/ou ramo de negócios, necessitam participar ativamente de eventos, constituindo-se tal participação uma das suas principais atividades do marketing, podendo inclusive responder pelo maior orçamento da área.

Além desta necessidade, é preciso avaliar sua distribuição de acordo com a sazonalidade ao longo do ano. Existem empresas que participam de eventos de forma frequente, sem a concentração em determinados meses ou períodos, e as que o fazem de forma periódica.

Para aquelas cuja atividade de eventos é essencial à estratégia de comunicação e que participam destes com grande frequência, é aconselhável a existência de uma estrutura interna capaz de planejar e executar, com eficiência e sem prejudicar a produtividade de nenhum departamento, o número total de eventos previstos para o ano. Todavia, apesar da existência dessa estrutura interna, costuma ser necessária ajuda externa para lidar com aspectos operacionais mediante uma ação conjugada, interna e externamente. Essa necessidade é maior quando se trata de eventos de grande porte e/ou a serem realizados em localidades distantes, para os quais o conhecimento da cultura local, o perfil de cada região e o de seus moradores são muito importantes para o sucesso.

Modelo de estrutura da área de eventos 117

A seguir são apresentadas duas empresas fictícias, uma delas a *By the Way*, e a Empresa X, com situações diferentes em relação à sazonalidade de seus eventos. Para cada um dos dois casos, o grau de importância dos eventos, em termos de sazonalidade, exige uma necessidade de estrutura diferente. Enquanto a *By the Way* participa (organizando ou executando) eventos o ano inteiro, com grande intensidade, a Empresa X o faz de forma pouco frequente.

Sazonalidade	
Mês	Nº eventos
Janeiro	5
Fevereiro	6
Março	5
Abril	6
Maio	8
Junho	7
Julho	3
Agosto	6
Setembro	8
Outubro	7
Novembro	4
Dezembro	3
	68

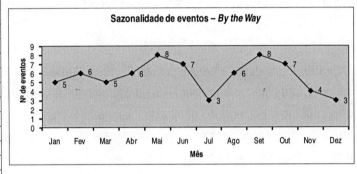

Gráfico 7.1 *Sazonalidade da participação em eventos da empresa* **By the Way**

Sazonalidade	
Mês	Nº eventos
Janeiro	0
Fevereiro	0
Março	2
Abril	2
Maio	3
Junho	0
Julho	0
Agosto	1
Setembro	3
Outubro	2
Novembro	1
Dezembro	0
	14

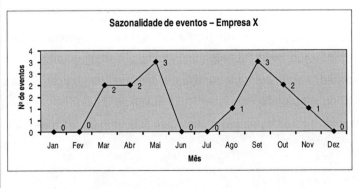

Gráfico 7.2 *Sazonalidade da participação em eventos da Empresa X*

Filosofia da empresa

Há empresas que optam por concentrar suas atividades nas respectivas áreas de atuação, terceirizando tudo o que for possível, privilegiando uma estrutura mais enxuta. Nestes casos, provavelmente a tendência é que façam o mesmo com relação à organização de eventos. Outras preferem, historicamente, realizar praticamente todas as atividades em sua própria estrutura, privilegiando uma equipe interna dedicada. Além dessas diferenças de filosofa, experiências positivas ou negativas e *know-how* já adquirido com terceirizações anteriores podem levar ou não à opção de terceirizar a organização de eventos.

Ponderações de ordem econômica

Outro fator importante para a decisão é o econômico, isto é, a comparação entre os custos para manter uma estrutura interna e os da contratação de empresa especializada. Sugere-se, para este caso, que a partir da análise da estrutura atual da empresa sejam verificados os custos de expansão para atender à organização dos eventos constantes da grade anual prevista, e que esse montante seja comparado ao custo da possível terceirização.

É importante lembrar que na análise dos custos internos devem-se considerar, além dos salários dos funcionários a serem contratados, os encargos, benefícios, bem como a estrutura física necessária. E, caso a empresa decida pelo aproveitamento de recursos humanos internos, realocando-os para a organização de eventos, é preciso considerar os custos para seu treinamento e aperfeiçoamento visando ao desempenho da nova tarefa, além da eventual substituição desses funcionários para o exercício de suas funções.

Como base de orientação para o levantamento dos custos e das necessidades da estrutura interna de eventos, sugere-se a adoção da Tabela 7.1, apresentada com o exemplo da empresa *By the Way*.

Modelo de estrutura da área de eventos   119

Tabela 7.1 *Cálculo da estrutura de eventos* – By the Way

Estrutura de eventos

Base de dados

	Grande porte	Médio porte	Pequeno porte	TOTAL
Número de eventos/ano	5	15	25	
Capacidade por recurso operacional/ano	1	4	8	
Capacidade por recurso gerencial/ano	5	20	25	
Custo médio por evento	R$ 550.000,00	R$ 200.000,00	R$ 35.000,00	
Valor total de investimento/ano	R$ 2.750.000,00	R$ 3.000.000,00	R$ 875.000,00	R$ 6.625.000,00

Cálculo da estrutura

	Quantidade	Custo médio mensal	TOTAL
Recursos operacionais necessários	5	R$ 3.400,00	R$ 17.000,00
Recursos gerenciais necessários	1	R$ 7.200,00	R$ 7.200,00
Valor total da estrutura/mês			R$ 24.200,00

Para o cálculo do valor da estrutura deve-se inicialmente registrar na tabela a quantidade prevista de eventos separados por porte: grande, médio e pequeno portes. Essa separação é necessária porque cada um deles requer um volume de trabalho diferente. Assim, os de pequeno porte exigem menos recursos, de médio, mais recursos, e os de grande porte ainda mais recursos. Uma vez identificados e classificados os eventos, o gestor deverá registrar a capacidade de organização dos eventos por profissional e por gerente para cada porte de evento. No caso da *By the Way*, um gerente consegue controlar cinco grandes eventos, 20 médios e 25 pequenos por ano, enquanto um recurso operacional é capaz de executar um, quatro e oito eventos dos respectivos portes. Com essa informação, é possível calcular a quantidade de recursos necessários para organizar e gerenciar a grade de eventos da empresa para o ano. Para este cálculo basta encontrar o valor máximo entre a divisão da necessidade para cada porte e a capacidade de recursos. Para obter o valor total da estrutura de eventos deve-se multiplicar a quantidade de recursos necessá-

120 Gestão estratégica de eventos

rios pelo custo médio mensal de cada recurso, considerando, além do salário, todos os encargos próprios dos cargos.

Previsão da forma de participação dos eventos

Já foi visto que é preciso definir o percentual de investimento dedicado à organização de eventos próprios, isto é, realizados pelas próprias empresas e o dedicado à participação de eventos de terceiros, por meio de patrocínio. Essa definição pode apoiar o gestor na escolha da melhor estrutura da área, uma vez que é sabido que eventos próprios requerem maior nível de dedicação e participação da empresa, já que todas as atividades dependem de sua organização; enquanto grande parte das atividades de organização de um evento patrocinado recai sobre o respectivo promotor. Sendo assim, caso a empresa venha a priorizar os eventos próprios, provavelmente será mais adequado que mantenha uma estrutura interna pequena e deixe a organização para uma agência que será capaz de gerenciar todos os pormenores. Caso a empresa opte pela maior participação em eventos de terceiros, precisará manter uma estrutura interna capaz de gerenciar o relacionamento com os promotores de cada evento patrocinado e pode ou não contar com o apoio de uma agência, dependendo do porte de cada um dos eventos.

Grau de profissionalismo da empresa para a atividade eventos

Nem todas as empresas estão preparadas ou conscientes da importância de se contar com profissionais capacitados e especializados para a organização de eventos. Na prática, o que se observa é que em empresas de pequeno porte, que trabalham com apenas um produto ou linha de produtos, com uma estrutura simples, a responsabilidade pela organização de eventos pode estar delegada a departamentos não necessariamente de comunicação ou marketing, como o comercial ou mesmo o administrativo. Neste caso, profissionais que exerçam outras atribuições podem ser deslocados para a organização dos eventos, mesmo sem experiência para tanto. O ideal é que empresas de pequeno porte que não contem com profissionais dedicados ou especializados

Os problemas mais comumente encontrados em empresas cuja estrutura de eventos inexista ou tenha características amadoras são:

na organização de eventos terceirizem esta atividade ou que, pelo menos, esses profissionais sejam treinados para desempenhar a função.

Os problemas mais comumente encontrados em empresas cuja estrutura de eventos inexista ou tenha características amadoras são:

- *A empresa não consegue consolidar informações referentes à participação e à realização de eventos.*
  Raramente a empresa elabora relatórios de participação de cada evento e, pior ainda, não costuma gerar dados estatísticos anuais do conjunto dos eventos e, assim, dos resultados do plano anual.

- *A empresa não consegue priorizar os eventos, participando destes de forma quase aleatória e sem motivos plausíveis.*

- *Os eventos são organizados por executivos de cargos gerenciais, ou da área comercial, acarretando altos custos, desmotivação e desvio de foco desses profissionais.*

- A forma como a empresa participa de eventos é padronizada e sem diferenciação a cada edição, sem causar impacto nem passar uma imagem inovadora da empresa.

Além de levar em consideração as características e necessidades peculiares a cada empresa na decisão pela terceirização, ou não, da organização de eventos, é interessante examinar as alternativas. Abaixo, as principais vantagens de cada tipo de organização.

Vantagens de organização externa

- *maior velocidade na organização dos eventos*, uma vez que será desenvolvida por uma equipe especializada, experiente e conhecedora dos vários fornecedores e serviços que serão necessários;
- *maior eficiência de custos*, já que empresas especializadas geram volume com vários serviços, ganhando maior poder de negociação com fornecedores;
- *maior flexibilidade de custos*. O fato de se contratar serviços de terceiros somente quando se tem certeza da participação no evento faz

que haja maior flexibilidade nos custos, apenas existentes quando da sua real necessidade. Em momentos de crise financeira e de pausas em participações em eventos não há a geração de custos com a estrutura;

- *maior capacidade de execução*: mesmo quando a empresa mantém uma estrutura interna dedicada a eventos é muito difícil superar a capacidade de uma firma especializada e totalmente voltada a esse fim. Para ganhar em capacidade podem ser necessários altos custos de estrutura interna;
- *maior profissionalismo*: o fato de a organização do evento ser realizada por profissionais alheios às disputas internas e interesses pessoais de cada departamento torna as decisões neutras e isentas, considerando-se apenas critérios objetivos;
- *maior abrangência de atuação*: quando a empresa necessita organizar eventos em regiões distantes pode contar com a experiência e o conhecimento de um terceiro naquela cidade, estado ou mesmo em países diferentes.

Assim como há vantagens para a organização externa de eventos, há também outras no caso de utilização de estrutura interna.

Vantagens de utilização de estrutura interna da empresa

- *maior personalização na organização dos eventos*, já que será desenvolvida por profissionais aculturados pela convivência dentro da empresa;
- *maior capacidade de operacionalização das atividades que envolvam mais de um departamento*;
- *maior padronização entre os vários eventos*. O fato de uma mesma estrutura interna da empresa, conhecedora da cultura e dos anseios e desejos tanto de consumidores quanto de seu corpo de diretores, realizar todos os eventos faz que estes tenham maior padronização entre si, isto é, tenham a mesma "cara" e identidade;
- *mais comprometimento*. Muitas empresas preferem confiar a responsabilidade da organização dos eventos a seus profissionais em vez de

transferi-la à empresa terceirizada que, mesmo quando conhecida, pode não ter o mesmo nível de comprometimento;
- *valorização do profissional da empresa e, portanto, da sua imagem institucional.* Quando o evento obtém sucesso, é muito mais interessante para a empresa atribuí-lo à eficiência de seus colaboradores, à sua capacidade de contratar os melhores profissionais do mercado, do que ter de reconhecer um trabalho executado por outra empresa;
- *flexibilidade de negociação,* uma vez que os fornecedores serão escolhidos e gerenciados pela própria estrutura de eventos da empresa, sem dependência de um terceiro para tal negociação.

Considerando todas estas análises apresentadas, sugere-se que o gestor de eventos utilize o *check-list* a seguir, contendo as características de cada tipo de estrutura, para decidir entre terceirizar ou utilizar estrutura própria para a organização dos eventos. Para cada item dos *check-lists* deve-se atribuir, nas colunas ao lado, valores de 1 a 5, conforme o caso, sendo 1 o menor valor para o item e 5 o maior, conforme o que se deseja para a empresa. Tais valores não devem ser somados, mas servem para dar uma maior visualização analítica para a tomada de decisões e para sua justificativa.

Figura 7.1 Check-lists *das características de cada tipo de estrutura*

124 Gestão estratégica de eventos

Modelo de estrutura da área de eventos

Quando se decide pela criação ou aproveitamento de recursos internos da empresa para a organização dos vários eventos previstos, deve-se definir qual a melhor estrutura a adotar. Esta estrutura depende dos seguintes critérios: porte da empresa, sua estratégia, sua política comercial, sua filosofia interna e, principalmente, do grau de importância que a atividade eventos possui para o seu negócio.

Apesar de não existir uma regra única ou mesmo rígida para determinar qual a melhor estrutura, já que esta depende de vários fatores individuais, apresenta-se a seguir os cinco modelos mais empregados. Estes poderão servir ao leitor como material de apoio para a decisão sobre a estrutura de eventos mais adequada para sua empresa.

Modelo 1: inexistência de estrutura

Empresas de pequeno porte, que trabalham com apenas um produto ou linha de produto para um mercado ou segmento, normalmente possuem uma estrutura informal e simples, em que o próprio dono do negócio exerce as principais funções.

Entretanto, com a evolução do negócio, a estrutura é criada de acordo com a necessidade. Nesta etapa, a responsabilidade pela organização de eventos costuma ser delegada a pessoas não necessariamente especializadas que, quando necessário, são deslocadas de suas funções para atender a uma necessidade específica. Essa troca de atribuições geralmente ocorre sem que seja considerada a experiência anterior do profissional para a realização de eventos, o que acaba por resultar em diversos problemas nessa área.

Caso a empresa opte por manter essa estrutura, é importante que, no mínimo, esses profissionais sejam treinados para desempenhar a função quando forem requisitados.

Modelo 2: estrutura funcional, sem responsabilidades específicas

Quando a empresa já possui uma estrutura funcional, uma divisão do trabalho baseada em departamentos em torno das principais funções, como finanças, produção, recursos humanos e marketing, porém não vê a necessidade de manter uma estrutura específica para eventos, as atribuições de organização e execução destes ficam sob a responsabilidade de um dos departamentos, geralmente o de marketing. Da mesma forma que no modelo anterior, não há planejamento específico para a área de eventos e a participação pode e costuma ser decidida por um dos departamentos existentes. Costuma ser comum ocorrer, neste modelo, que a cada evento o profissional responsável pela sua execução seja diferente, de acordo com a carga de trabalho e a disponibilidade de cada um na ocasião.

Figura 7.2 *Exemplo de estrutura funcional, sem responsabilidades específicas*

Modelo 3: estrutura funcional, com responsabilidades específicas

Empresas que consideram os eventos fundamentais dentro de suas estratégias têm, geralmente, a estrutura de eventos inserida em um departamento, na maioria das vezes o de marketing, podendo ou não estar subordinada a uma chefia ou subgerência de comunicação. Em ambos os casos já se apresenta uma preocupação com o planejamento de eventos.

Há casos em que o departamento de comunicação – formado por atividades de relações públicas, propaganda e eventos, entre outros – assume maior responsabilidade dentro da estratégia geral da empresa, ficando separado da estrutura de marketing e passando a desempenhar suas funções de forma independente. Neste caso, a área de eventos, mesmo estando subordinada a uma diretoria de comunicação, consegue um nível de profissionalismo maior, participando mais efetivamente das decisões estratégicas e de custos da empresa. Ela passa a ter sua própria estrutura formal.

Figura 7.3 *Exemplo de estrutura funcional, com responsabilidades específicas*

Modelo 4: estrutura descentralizada por divisões

Empresas que possuem multiplicidade de unidades de negócios, segmentos ou linhas de produtos costumam optar por uma estrutura separada por divisões. Essa divisão pode ser realizada de três formas: por linha de produtos, por mercado ou segmento e por região geográfica.

Por linha de produtos

Diante de uma diversidade de produtos ou linhas de produtos, faz-se necessário dar atenção especial para cada um deles. Nestes casos, a empresa prioriza a divisão da estrutura comercial pelo critério produto, distribuindo a estrutura funcional de eventos entre as chefias de produto.

Por mercado ou segmento

Quando a empresa atua em diversos mercados ou segmentos, com características distintas entre si, é razoável pensar em estruturas de eventos específicas para cada um desses mercados.

Por região geográfica

Diante de uma descentralização geográfica dos negócios de uma empresa, com atuação em diferentes cidades, estados, regiões ou mesmo países, é possível considerar também uma estrutura descentralizada da área de eventos em cada um desses locais.

A seguir pode-se verificar um exemplo de desenho da estrutura descentralizada por divisão, considerando uma empresa caracterizada por atuar, de forma independente, em dois mercados com grande representatividade.

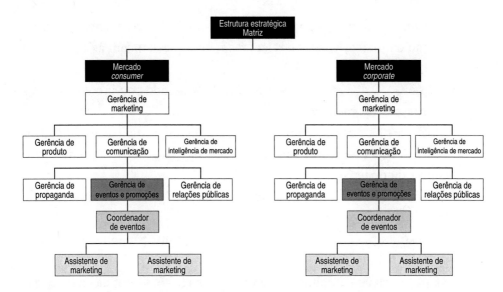

Figura 7.4 *Exemplo de estrutura descentralizada por divisão de mercado*

Nas três formas, há uma descentralização da estrutura de eventos. Nesse caso é recomendável à empresa manter uma estrutura funcional na matriz, denominada estratégica, cabendo a ela centralizar as decisões estratégicas da área de eventos e atender a eventos estratégicos para o posicionamento da marca, e outras estruturas, denominadas operacionais, descentralizadas, subordinadas à matriz, que atenderão às necessidades específicas de cada linha de produto, mercado ou região geográfica. Tais estruturas possuem dupla subordinação: hierarquicamente, respondem ao diretor da estrutura específica, e funcionalmente, dependem das orientações e diretrizes do diretor da estrutura estratégica de eventos da matriz.

Para que as estruturas estratégica e operacional de eventos estejam coordenadas e integradas é preciso listar e comunicar as responsabilidades e atribuições de cada uma delas, conforme a seguir.

Responsabilidades da estrutura estratégica e das estruturas operacionais

Estrutura estratégica

- Execução de eventos estratégicos para o posicionamento da marca.
- Definição das estratégias de comunicação e de eventos e acompanhamento da sua execução.

128 Gestão estratégica de eventos

- Pesquisa, identificação, seleção e consolidação dos eventos de exposição da marca, vendas e relacionamento que atendam às finalidades da empresa.
- Aprovação dos eventos *de oportunidade* gerados ou propostos pelas estruturas operacionais.
- Definição e acompanhamento de padrões de participação, organização, avaliação e fornecimento de *feedback* para todos os eventos próprios ou de terceiros.
- Treinamento de equipes da estrutura operacional de execução dos eventos.
- Definição do orçamento para eventos.
- Consolidação dos resultados da área de eventos para apresentação de relatório à diretoria.
- Consolidação de opiniões, *feedbacks* e sugestões emitidas pela estrutura operacional por meio de constantes pesquisas, com o comprometimento de gerar ações de melhorias na área.
- Acompanhamento das tendências de mercado e do setor de eventos para constante atualização da estratégia de eventos.

Estruturas operacionais

- Execução dos eventos, conforme padrão definido pela estrutura estratégica.
- Avaliação dos resultados executados.
- Pesquisa e identificação de eventos *de oportunidade* a serem propostos.
- Controle orçamentário dos eventos executados.
- Acompanhamento das tendências de mercado fornecendo constante *feedback* à estrutura estratégica.
- Fornecimento de informações solicitadas pela estrutura estratégica, de forma estruturada e no prazo estipulado.

Modelo 5: estrutura matricial

As características das empresas que utilizam uma estrutura matricial para organizar seus departamentos se assemelham às descentralizadas por divisões, ou seja, empresas de grande porte que possuem uma multiplicidade de unidades de negócios, segmentos ou linhas de produtos.

Entretanto, quando optam por uma estrutura matricial, o fazem com o objetivo de prestar atenção simultânea às áreas de negócios (AN) distintas da empresa. Com isso geram igualdade de padrão na comunicação e nas decisões entre si, ganhando uma uniformidade global da empresa.

Na estrutura matricial, em vez de se ter um departamento de marketing, comunicação ou eventos dentro de cada estrutura de negócios ou projetos, parte-se para uma configuração em que um único departamento atende, simultaneamente, a todos os centros de negócios. Uma única área de eventos atende às necessidades de planejamento, organização e execução para todas as linhas de negócios. Sua estrutura, então, passa a tomar novas dimensões e assume responsabilidades próprias e muito maiores do que em estruturas funcionais.

Segue exemplo de estrutura matricial, considerando quatro áreas de negócios de uma empresa fictícia.

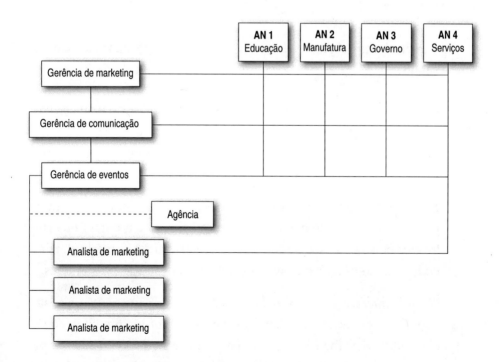

Figura 7.5 *Exemplo de estrutura matricial, no qual é considerada uma divisão por áreas de negócio*

130 Gestão estratégica de eventos

São apresentadas, na Figura 7.6, as características e justificativas para se decidir entre uma estrutura matricial ou uma estrutura por divisão.

Matricial	Por divisão
• Manutenção de identidade visual.	• Sem necessidade de manter unidade visual.
• Estratégias de áreas similares.	• Estratégias de áreas muito distintas.
• Grande intersecção entre públicos-alvo das áreas.	• Pouca conexão entre públicos das áreas.
• Grande participação conjunta em eventos.	• Pouca participação conjunta em eventos.
• Otimização de custos.	• Poucas áreas com alto valor de faturamento unitário.
• Muitas áreas com baixo valor de faturamento unitário.	

Figura 7.6 *Comparativo de características para uma decisão entre estrutura matricial e estrutura por divisão*

As características apresentadas referentes à estrutura matricial são descritas a seguir:

- *Manutenção de identidade visual*: com a utilização de uma estrutura matricial, as decisões sobre padrão de comunicação tornam-se únicas para todos os eventos da empresa, independente da área, produto ou segmento para o qual o evento irá ser organizado.

- *Estratégias de áreas similares*: se, apesar de a empresa possuir multiplicidade de áreas de negócios, as estratégias forem únicas ou semelhantes entre si, a escolha de estrutura matricial será favorável, já que poderá garantir também estratégias de eventos únicas ou similares.

- *Grande intersecção entre públicos-alvos das áreas*: muito das estratégias de comunicação independe de cada um dos produtos comercializados. Seu foco localiza-se no público-alvo do conjunto desses produtos. Apesar de áreas distintas em termos de oferta de produtos ou serviços, elas poderão atender a públicos semelhantes ou de características comuns. A estrutura matricial servirá para garantir uma forma única de abordagem deste público-alvo em comum, sem incorrer em tempo e gastos para falar duas vezes com o mesmo público.

- *Grande participação conjunta em eventos*: muitos eventos, principalmente as feiras, possuem características genéricas ou multidisciplinares, podendo servir para diferentes áreas de negócios de uma empresa. Se mais de uma área de negócios da empresa costuma participar dos mesmos eventos, torna-se necessária uma estrutura única que atenda a essas áreas, principalmente levando-se em consideração o fato de estas atuarem em benefício de uma só marca, a da empresa.

- *Otimização de custos*: quando se decide por uma estrutura matricial, com o atendimento simultâneo de diversas áreas de negócios ou segmentos, tem-se a grande vantagem do aproveitamento, não somente dos recursos físicos, mas também dos humanos para a organização e execução dos eventos da empresa. Se tudo estiver concentrado em uma única estrutura pode-se reutilizar, por exemplo, materiais de sinalização e identificação visual da empresa para mais de um evento, mesmo que de diferentes áreas de negócios. Além disso, o aproveitamento de experiências, tanto positivas quanto negativas, acelera o processo de criação e planejamento dos eventos, evitando incorrer nos mesmos erros e repetindo casos de sucessos anteriores.

- *Muitas áreas com baixo valor de faturamento unitário*: quando a empresa é composta por uma multiplicidade de divisões, porém cada uma com faturamento individual que não justifique uma estrutura dedicada a eventos, a melhor opção é recorrer à estrutura matricial. Com isso, os custos totais serão rateados entre todas as unidades, não representando despesa elevada para cada uma individualmente.

Gestão estratégica de eventos

ATIVIDADES

1. Identifique, dentro da empresa em que você atua, ou em outra a que tenha acesso, qual sua estrutura organizacional. Olhando apenas para a área de eventos, de que forma ela está inserida nesta estrutura?

2. Considerando os fatores de decisões pelo modelo de estrutura da área de eventos, qual seria a melhor estrutura para o caso de sua empresa ou da empresa estudada?

3. Faça uma pesquisa junto aos seus colegas e identifiquem, em grupo, qual das empresas em que trabalham possui uma estrutura de eventos mais completa.

4. Quais as principais diferenças entre as estruturas funcional e matricial? Dê exemplos de empresas que adotam essas estruturas para a área de eventos.

5. Pesquise, junto a agências de eventos, qual a opinião delas quanto às vantagens de se terceirizar a área de eventos.

6. Por que as empresas devem pensar em uma divisão da estrutura de eventos entre estratégica e operacional?

8

Comunicação
da estratégia de eventos

Esta é a era da comunicação. Além disso, o mundo dos negócios mudou muito, e tais mudanças acarretam uma nova postura das empresas – atualmente, elas valorizam muito seus recursos humanos, item considerado essencial para seu sucesso e até sua sobrevivência no mercado.

Antigamente era nítida a divisão hierárquica, de partilha de informações e de participação nas decisões entre funcionários estratégicos e operacionais nas empresas. Estes últimos não costumavam ser informados sobre decisões que eram tomadas pelos estratégicos; e raramente eram consultados. Caso fossem, sentiam-se até constrangidos pela situação inusitada. Atualmente este quadro mudou muito. Estudos sobre motivação funcional por um lado, e sucesso empresarial por outro, levaram à conclusão de que o envolvimento motivacional de todos os funcionários seria fundamental para o sucesso da empresa em um mercado cada vez mais competitivo.

A partir desta constatação, as empresas mudaram suas atitudes para com os funcionários. Essas mudanças ocorreram em todos os setores, e o de eventos, dada sua natureza, não só não poderia ficar alheio a esta tendência, como também precisou encampá-la totalmente. A autora deste livro prega em sala de aula que todos, independente do papel que exerçam na organização de eventos (sejam eles gerentes, coordenadores ou responsáveis por uma pequena participação no processo), devem estar alinhados à estratégia da empresa. E, como já foi visto, não se deve esquecer dos envolvidos de outras áreas da empresa. Garantir que isso ocorra é papel do gestor de eventos da empresa.

133

Neste cenário, a comunicação de eventos é essencial. Uma vez definida a estratégia, parte-se para a comunicação e a busca de comprometimento de todos os envolvidos para assegurar que ela será implementada adequadamente.

De modo geral, um processo eficaz de comunicação e de ganho de comprometimento dos funcionários com o modelo de gestão de eventos da empresa deve incluir os seguintes componentes:

Objetivos claros

É preciso definir, de forma clara e transparente, objetivos gerais para a área de eventos e individuais para cada integrante da equipe. Além disso, é importante lembrar que estes últimos devem estar alinhados aos objetivos da área de eventos e da empresa como um todo.

Comunicação interna eficiente

Todos os funcionários da área de eventos e de outras áreas envolvidas, bem como os terceirizados, devem "aprender" e compreender a estratégia e o modelo de gestão de eventos da empresa. Eles devem ser comunicados e treinados de forma adequada, bem como acompanhados durante todo o processo de execução de cada evento.

Participação e responsabilidade

Todos da equipe de eventos devem entender como podem influenciar na correta implementação do modelo de gestão de eventos da empresa e qual o papel de cada um na equipe responsável por essa implementação.

Trabalho em equipe

Promover o trabalho em equipe garante que objetivos pessoais se tornem objetivos de equipe e, portanto, mais próximos dos da área e da empresa.

Processos claros

Quando os processos estão estabelecidos e são do conhecimento geral, ganha-se em produtividade e em tempo de execução das tarefas. Além disso, evitam-se conflitos entre áreas e colaboradores.

Envolvimento da liderança

O envolvimento da diretoria e das lideranças da empresa no processo de desenvolvimento e divulgação do modelo de gestão de eventos, além de prevenir problemas em decorrência de desentendimentos com pessoas hierarquicamente superiores que não foram devidamente informadas sobre as decisões tomadas, confere maior credibilidade e importância ao modelo de gestão de eventos.

Avaliação objetiva

Um sistema de avaliação da área deve ser desenvolvido e comunicado a todos os envolvidos para que saibam quais critérios serão considerados para definir o sucesso ou não de todo o modelo de gestão.

Reconhecimento

Os funcionários devem sentir que, quando a área de eventos for bem-sucedida, eles serão recompensados. Por outro lado, quando não atingirem os resultados esperados, também dividirão o ônus da derrota. Um sistema de *feedback* e de recompensas sobre os resultados do modelo de gestão em eventos faz que seus participantes tenham interesse no sucesso da área, e não apenas no seu sucesso individual.

A importância da comunicação eficaz é percebida pelos gestores. O gestor da área de eventos deve dar atenção especial à comunicação de um novo modelo de gestão, já que as definições da estratégia, assim como o operacional dos eventos, envolvem uma série de pormenores nem sempre tratados em faculdades, livros ou mesmo em outras empresas. Além disso, é importante ressaltar que eventos são atividades que despertam interesse de várias áreas de uma empresa. Funcionários de outras áreas que também deverão participar de eventos, seja na organização ou como visitante, podem ter pouco ou nenhum conhecimento sobre os conceitos aplicados no modelo de gestão de eventos. Neste caso, o treinamento ou a comunicação adequada deverão ser considerados.

Como proceder para a eficaz comunicação do modelo de gestão de eventos

O primeiro passo na comunicação de um novo modelo de gestão em eventos é a definição de seu nome e logotipo, conferindo-lhe uma marca exclusiva. Desta forma, esta marca pode ser referenciada em todos os meios de comunicação utilizados pela empresa e, assim, garantir o rápido reconhecimento por todos sobre o assunto que estiver sendo tratado. Para um bom começo, o processo de escolha do melhor nome precisa envolver todos os funcionários da área. Sugere-se a aplicação de um sistema de votação para esta escolha. Com alguns nomes escolhidos pelos gestores das áreas de comunicação, de marketing e de eventos, acrescidos aos sugeridos pelos colaboradores, coloca--se em votação entre todos os envolvidos, direta ou indiretamente, no projeto.

Quadro 8.1 *Definição do nome do modelo de gestão de eventos*

VOTE NO NOME DO MODELO DE GESTÃO DE EVENTOS DA *BY THE WAY*

Você vai ajudar a escolher o nome do modelo de gestão de eventos da *By the Way*. Para tanto, vote e escolha aquele que mais "tem a nossa cara"!

☐ *By the Way* Eventos   ☐ Eventos *By the Way*

☐ BTW aparece!   ☐ BTW é show!

Uma vez escolhido o nome do modelo de gestão de eventos da empresa, parte-se para a comunicação. Para tanto, é imprescindível que o gestor utilize os meios formais e oficiais da empresa, porque pode cometer um grave erro se deixar a cargo da estrutura informal a comunicação da estratégia da área tanto para os seus funcionários quanto para os de outros departamentos. Ele corre o risco de gerar o efeito *telefone sem fio*. Portanto, este tipo de informação deve ser passada diretamente e de forma completa pelo gestor de eventos, sem intermediações.

O gestor de eventos conta com vários meios para comunicar a estratégia e o modelo de gestão para todos os envolvidos. Antes de escolher os meios a serem utilizados é preciso considerar alguns fatores:

Comunicação da estratégia de eventos 137

1. a direção da empresa deve estar envolvida no processo de comunicação, garantindo a credibilidade das informações e dando o aval da importância do que está sendo comunicado. Se os gestores de outras áreas demonstrarem apoio à estratégia de eventos e ao modelo de gestão, seus subordinados prestarão mais atenção e respeitarão mais o que estiver sendo comunicado;

2. como o modelo de gestão de eventos envolve diversas fases e processos, é preciso manter meios de comunicação periódicos para reforçar ou enviar mensagens corretivas, caso seja necessário;

3. para que a comunicação seja efetiva, é preciso que o ouvinte tenha a possibilidade de questionar e tirar suas dúvidas daquilo que lhe foi transmitido. Por esse motivo, o gestor deve disponibilizar um canal aberto de comunicação de duas vias para a manutenção do fluxo de informações e de sugestões. Além disso, mesmo após a finalização e a divulgação do modelo de gestão, o ideal é que os envolvidos possam contribuir com a estratégia da área. Para que tais contribuições sejam aproveitadas por meio desse canal de duas vias, o gestor de eventos poderia analisar e anotar as sugestões e ideias que seriam implantadas em novas versões;

4. como as informações sobre o modelo de gestão de eventos devem ser passadas para diferentes departamentos, níveis funcionais e graus de envolvimento com a realização de eventos, o gestor deve escolher um ou mais meios de comunicação e mensagens, de forma a atender aos diferentes públicos da empresa. É importante considerar que áreas envolvidas diretamente na execução de eventos deverão receber maior aprofundamento de informações, enquanto aquelas com menor participação poderão receber informações resumidas sobre o assunto. A Figura 8.1 apresenta o nível de informações que cada área deve receber, de acordo com o seu envolvimento no modelo de gestão de eventos da empresa, e os meios utilizados para essa comunicação. Entretanto, deve-se salientar que tal diferenciação pode variar de acordo com cada empresa e seu respectivo modelo de estrutura.

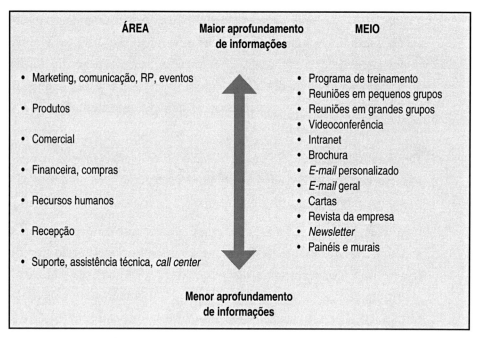

Figura 8.1 *Nível de aprofundamento da comunicação do modelo de gestão de eventos*

ATIVIDADES

1. Por que a direção da empresa deve estar plenamente envolvida no processo de comunicação da estratégia de eventos? Você conhece ou ouviu falar de casos de problemas e/ou constrangimentos quando esse cuidado não foi tomado?
2. Quais medidas devem ser tomadas para que os funcionários da área de eventos de uma empresa se sintam imprescindíveis para a estratégia da área?
3. Na empresa em que você trabalha há uma política clara de comunicação da estratégia de eventos para todos os envolvidos no processo?
4. Considerando os meios de comunicação já existentes em sua empresa, identifique quais seriam os mais apropriados para comunicar a estratégia de eventos da empresa a todos os envolvidos.
5. Analise com os colegas as razões pelas quais as empresas têm tanta dificuldade em comunicar suas decisões e estratégias para todos os funcionários. O que vocês fariam para mudar essa realidade?
6. Considere a empresa em que você atua ou uma empresa fictícia e planeje uma estratégia global de comunicação para a área de eventos. Faça o mesmo para uma empresa de maior ou menor porte, conforme o caso, e explique o porquê das diferenças.

PARTE IV

Políticas e processos para a gestão de eventos

Uma vez definida a estratégia de eventos é preciso, de acordo com o modelo de gestão, estabelecer políticas e processos que instituirão normas de conduta da estrutura de eventos no desempenho de suas tarefas diárias.

A formalização das estratégias em processos torna-as mais evidentes e poderosas. Além disso, permite um acompanhamento e um diagnóstico de seu bom funcionamento. Uma empresa que não estabelece processos e políticas não consegue sustentar sua estratégia de eventos, por mais desenvolvida que esta seja.

Nos Capítulos 9 e 10, a autora apresenta tais políticas e seus respectivos processos, bem como uma ferramenta para *follow-up* e avaliação de retorno do modelo de gestão de eventos.

9

Política de solicitação, autorização e registro de eventos

Como já foi visto, é nas primeiras fases da elaboração do modelo de gestão que se define a lista final de eventos para o próximo exercício. Uma vez definida esta lista, deve-se tentar segui-la da forma mais fiel possível.

É comum, entretanto, surgirem ao longo do ano eventos não previstos ou identificados no processo de elaboração da lista-base. Entre estes, pode haver algum que se mostre ser de grande interesse para a empresa participar, os chamados eventos *de oportunidade*. É importante que o gestor tenha conhecimento desta possibilidade e esteja preparado para adequar sua lista final de eventos a fim de atender a estas oportunidades. Tal adequação somente será possível se o gestor recorrer a uma das três seguintes opções:

- substituir um dos eventos escolhidos anteriormente, mas de menor importância relativa na estratégia, pelo *de oportunidade*;
- redistribuir o orçamento predefinido para comportar um novo investimento;
- negociar com o fornecedor do evento prazos mais extensos para o pagamento, encaixando o valor no próximo exercício.

Eventos de oportunidade podem chegar à empresa por diferentes caminhos, mas nem sempre de dentro da estrutura responsável pelo planejamento e execução dos eventos. Eles podem ser encaminhados por departamentos comerciais, de produtos ou até mesmo do topo da direção da empresa. Esta

142 Gestão estratégica de eventos

situação é bastante comum quando, por exemplo, a empresa atua em diferentes regiões. Gerentes regionais, de mercados ou comerciais das filiais ou subsidiárias da empresa costumam ter acesso a novos eventos por estarem em contato diariamente e diretamente com o mercado local. Nessas situações, a empresa não somente deve ter mecanismos para ouvir e aceitar essas sugestões, como incentivar todos os funcionários a buscar e noticiar qualquer descoberta de possíveis eventos. É fundamental que nessa notificação sejam respeitados critérios de seleção e políticas de aprovação determinados no processo de gestão operacional.

A seguir são apresentados modelos de documentos e respectivos processos, incluindo-se formulários. Para exemplificar cada política, utiliza-se a empresa fictícia *By the Way*.

Quadro 9.1 *Política de solicitação e autorização para eventos de oportunidade da empresa* **By the Way**

Nome do documento: Política de solicitação e autorização interna para eventos de oportunidade para a *By the Way*

Número do documento: A001

Área responsável: Gerência de eventos

Data de elaboração: 05/04/20XX

Descrição: Documento que apresenta a política de solicitação e autorização para participação ou realização própria de eventos de oportunidade – não constantes da lista final de eventos da *By the Way*

Últimas alterações:

Data	Responsável	Resumo	Número
			A002

Documentos de apoio:
AP001 – Formulário de Solicitação de Evento *BY THE WAY*
AP002 – Parecer de Autorização de Evento *BY THE WAY*

Política de solicitação, autorização e registro de eventos   143

POLÍTICA DE SOLICITAÇÃO E AUTORIZAÇÃO INTERNA
PARA A REALIZAÇÃO DE EVENTOS DE OPORTUNIDADE DA *BY THE WAY*

As solicitações de projetos de eventos de oportunidade devem respeitar os seguintes procedimentos, regras e fluxo:

Aplicação
A política de solicitação e autorização interna de eventos de oportunidade da *By the Way* deve ser aplicada a todos os eventos, sejam eles institucionais ou segmentados, regionais ou nacionais, estratégicos ou específicos, de realização própria ou de participação em eventos de terceiros que não constam da lista final de eventos preestabelecida no modelo de gestão de eventos *By the Way*. Essa informação deverá ser comunicada a todos os envolvidos no processo.

Procedimento
Após o preenchimento completo do formulário de solicitação de evento, os projetos deverão ser enviados pelo requisitante ao gestor de eventos, pelo *e-mail*: xxx@bytheway.com.br.

Prazo para solicitação
A solicitação deve ser encaminhada com, no mínimo, 60 dias antes da realização do evento, salvo exceções justificadas pelo requerente. No caso de o requerente enviar o projeto em menor prazo, caberá ao responsável pela autorização analisar a pertinência de prosseguir ou não o processo.

Com o formulário de solicitação de evento preenchido, os responsáveis pela autorização procederão à análise das informações nele contidas, considerando os seguintes aspectos:

- alinhamento com a estratégia de eventos preestabelecida e comunicada a todos os envolvidos no processo;
- verba disponível para a área ou região requerente;
- capacidade e estrutura disponível para a execução do evento;
- calendário de eventos *By the Way* e possíveis conflitos de agenda.

Prazo para a análise
Os responsáveis pela autorização deverão enviar resposta para o mesmo e-mail recebido, com cópia ao gerente da área requerente, utilizando o documento de parecer de autorização, em até cinco dias úteis após o recebimento do formulário de solicitação de evento.

Pós-autorização
Quando houver parecer favorável à realização ou participação do evento, o coordenador de eventos deverá registrá-lo na lista final de eventos e no formulário de registro de eventos *By the Way*, preenchendo todos os campos.

A área requerente, caso esteja localizada fora da região de alcance da estrutura de eventos, deverá executar todos os procedimentos regulares, tanto da execução quanto da avaliação dos resultados do evento, conforme padrão preestabelecido para o tipo e formato de evento em questão.

Não cumprimento
O não cumprimento (ou cumprimento parcial) por parte do requerente de alguma das regras ou procedimentos constantes da política de solicitação e autorização interna de eventos da empresa *By the Way*, implicará a indisponibilidade financeira para execução do evento solicitado.

144 Gestão estratégica de eventos

Quadro 9.2 *Formulário de solicitação de evento* **By the Way**

Documento AP001 – Formulário de solicitação de evento da *By The Way*

Dados da solicitação

Data:_____ Área requerente:_____

Responsável: _____

Dados do evento

Nome do evento: _____

Data:_____ Horário: _____ Local: _____

Rápida descrição: _____

Expositores:_____

Âmbito do evento:　( ) Interno　　　　　( ) Externo

Tipo do evento:　( ) Feira　　　　　　( ) Seminário　　　　　( ) Feira e congresso　　　( ) Convenção de vendas
　　　　　　　　( ) Político　　　　　( ) Lançamento de curso　( ) Congresso　　　　　　( ) Social
　　　　　　　　( ) Esportivo　　　　( ) Workshop　　　　　　( ) Cultural

Estratégia do evento

Objetivo de comunicação (%)					Investimento (R$)		Abrangência (1 ou 0)	
Exposição da Marca	Vendas	Relacionamento	Total				Institucional	Segmentado
			0%					

Tipo de participação (1 ou 0)			Área de negócio e segmentos				
Próprio	Terceiro			Área 1	Área 2	Área 3	Área 4
			Área de Negócio (%)				
			Segmentos				

Público-alvo (%)	
Corporativo	Consumidor final

Justificativa para o evento

Descrição/justificativa: _____

Objetivos	**Medidas de avaliação**
_____	_____
_____	_____
_____	_____
_____	_____

Resultados esperados

　Público estimado: _____

　Perfil do público: _____

　Vendas estimadas: _____

　Audiência esperada:_____

Projeto Anexo: _____

Política de solicitação, autorização e registro de eventos   145

Quadro 9.3 *Parecer de autorização para o evento da empresa* By the Way

Documento AP002 – Parecer de autorização para evento *By The Way*

Dados da solicitação

Data:_____   Área Requerente: _____

Responsável: _____

Dados do evento

Nome do evento: _____

Data:_____   Horário: _____   Local: _____

Dados do parecer

Data:_____   Parecer número: _000000x_____

Comitê responsável

Nome: _____   Área: _____

_____   _____

_____   _____

Parecer final

Não Autorizado: [_____]   Justificativa:_____

_____

_____

Autorizado: [_____]

Dados da organização

Área responsável pela execução:_____   Nome do responsável: _____

Recursos internos necessários:_____

_____

Start do projeto: _____

Rubricas do comitê responsável

_____   _____

_____   _____

Rubricas do responsável pela organização

_____

146   Gestão estratégica de eventos

Processo de registro de eventos

Todos os eventos planejados durante a definição da estratégia de eventos deverão ser registrados para conhecimento geral da empresa. Este registro tem significativa importância para o processo de continuidade da área de eventos, pois permite algumas vantagens que serão apresentadas a seguir.

Rápida transmissão e manutenção da estratégia de eventos, caso haja alteração na estrutura da área

É bastante comum uma taxa de *turnover* dentro das estruturas mais operacionais da área de eventos das empresas. Quando isso ocorre, normalmente é possível adequar rapidamente as responsabilidades dos remanescentes na estrutura ou treinar novos colaboradores para exercer funções de execução. Entretanto, quando há uma troca de comando na área, as consequências podem ser danosas para a empresa, caso tenha mantido todo o conhecimento da área de eventos nas mãos de um único gestor, agora de saída. Neste caso, ela deverá estar preparada para transmitir a estratégia de eventos para o novo gestor e, rapidamente, restaurar o ritmo normal das ações e eventos em planejamento. Nada disso será possível se a empresa não possuir um registro dos eventos relacionados na lista final.

A avaliação eficiente dos resultados de cada evento

Um evento somente poderá ser avaliado de forma eficaz se o gestor da área souber quais seus objetivos para a estratégia da empresa. Dessa forma, o registro desses objetivos permite ao gestor conhecer as falhas e pontos positivos de cada evento e tomar as decisões necessárias para as próximas edições.

A avaliação eficiente da estratégia de eventos

Assim como o registro é essencial para a avaliação individual de cada evento, ele também é indispensável para avaliar os resultados do conjunto dos eventos, traduzido na estratégia geral de eventos da empresa.

Eficiente comunicação para as demais áreas da empresa

A área de eventos é sempre muito criticada por outros departamentos por falhar na comunicação de suas atividades e ações ao longo do ano. As reclamações mais comuns referem-se à comunicação tardia da participação em determinado evento, à falta de informações relativas aos eventos e à pouca divulgação do conhecimento sobre a forma de participação da empresa nesses eventos. O registro de eventos é uma forma eficaz para informar a todos sobre cada participação em tempo hábil para que todos os envolvidos se preparem adequadamente, dentro de suas responsabilidades.

Eficiente solicitação de serviços de terceiros

Uma vez claramente colocado o porquê de cada evento e a forma como foi escolhido, torna-se mais fácil a elaboração de *briefing* para empresas que participarão de sua execução. A apresentação do registro e a explicação de cada um de seus itens favorecem, portanto, a contratação de serviços de terceiros.

Clara identificação de responsabilidades

Como o registro apresenta os responsáveis por cada projeto na área de eventos, é possível contatá-los em caso de dúvidas, sugestões, ou mesmo críticas.

Informe sobre investimentos

Para evitar atritos entre as áreas financeira e de eventos, o registro informa o valor estimado para cada participação, possibilitando à primeira se planejar para aquelas despesas. Além disso, em momentos de crise será possível identificar aqueles eventos que responderão por uma participação maior no orçamento e, de posse das informações referentes à sua relação com a estratégia da empresa, decidir sobre possíveis cortes ou reduções.

O Quadro 9.4 ilustra a política de registro de eventos da empresa *By the Way*, contendo a aplicação, o procedimento de preenchimento, os prazos e o Quadro 9.5, o formulário de registro de eventos.

148 Gestão estratégica de eventos

Quadro 9.4 *Política de registro de eventos da empresa* **By the Way**

Nome do documento: Política de registro de eventos da *By the Way*

Número do documento: B001

Área responsável: Gerência de eventos

Data de elaboração: 10/05/20XX

Descrição: Documento que apresenta a política de registro dos eventos da *By the Way*, de participação ou de realização própria, definidos na sua estratégia de eventos e constantes da lista final.

Últimas alterações:

Data	Responsável	Resumo	Número
			B002

Documentos de apoio:
BP001 – Formulário de Registro de Evento *BY THE WAY*

Aplicação
A política de registro de eventos da *By the Way* deve ser aplicada a todos os eventos, institucionais ou segmentados, regionais ou nacionais, estratégicos ou específicos, de realização própria ou de participação de eventos de terceiros constantes da lista final de eventos da *By the Way*, preestabelecida no modelo de gestão de eventos da empresa ou autorizados em parecer de avaliação de solicitações de eventos de oportunidade.

Procedimento
Após o preenchimento completo do formulário de registro de evento, os projetos deverão ser enviados ao gestor, pelo e-mail: xxsp@bytheway.com.br.

Prazo para o registro
O registro deve ser encaminhado em até 120 dias antes da realização do evento para eventos de grande porte, e em até 90 dias para os de pequeno ou médio portes, salvo exceções justificadas.

Não cumprimento
O não cumprimento ou cumprimento parcial de alguma das regras ou procedimentos constantes da política de registro de eventos da *By the Way* implicará a indisponibilidade financeira para execução do evento.

Política de solicitação, autorização e registro de eventos   149

Quadro 9.5 *Formulário de registro de eventos da* **By the Way**

Documento BP001 – Formulário de registro de eventos da *By The Way*

Dados do registro

Data: _____   Número de registro: _____   Área: _____

Responsável: _____

Dados do evento

Nome do evento: _____

Data: _____   Horário: _____   Local: _____

Rápida descrição: _____

Âmbito do evento: ( ) Interno   ( ) Externo

Tipo de evento: ( ) Feira   ( ) Seminário   ( ) Feira e congresso   ( ) Convenção de vendas
                ( ) Político   ( ) Lançamento de curso   ( ) Congresso   ( ) Social
                ( ) Esportivo   ( ) Workshop   ( ) Cultural

Estratégia do evento

Objetivo de comunicação (%)					Investimento estimado (R$)	Abrangência (1 ou 0)	
Exposição da marca	Vendas	Relacionamento	Total			Institucional	Segmentado
			0%				

Tipo de participação (1 ou 0)		Área de negócio e segmentos				
Próprio	Terceiro		Área 1	Área 2	Área 3	Área 4
		Área de negócio (%)				
		Segmentos				

Público-alvo (%)	
Corporativo	Consumidor final

Motivo do evento

Descrição/justificativa: _____

Objetivos	Medidas de avaliação
_____	_____
_____	_____
_____	_____

Resultados esperados

Público estimado: _____

Perfil do público: _____

Vendas estimadas: _____

Audiência esperada: _____

Dados da organização

Área responsável pela execução: _____   **Nome do responsável**: _____

Recursos internos necessários: _____

_____

Start do projeto: _____

Projeto anexo: _____

ATIVIDADES

1. Se a empresa já definiu, dentro da estratégia de eventos, qual a grade de eventos para o ano, por que manter uma política de solicitação e autorização de eventos?
2. Pesquise junto a gestores de eventos quantos eventos por ano eles participam sem que estes tivessem sido identificados quando da fase de planejamento.
3. Para os eventos citados na questão 2, pesquise como é feita sua solicitação e sua autorização.
4. Qual a principal finalidade de se registrar todos os eventos planejados pela empresa?

10

Política de avaliação de resultados da gestão de eventos

Até não muito tempo – e ainda hoje em muitas empresas – o departamento de eventos era considerado pelos demais apenas como um gerador de despesas e fazedor de festas. Para eles, os investimentos com eventos não eram capazes de aumentar as receitas e de gerar contribuições futuras para a empresa. Parte da responsabilidade por essa percepção era dos próprios gestores da área, que elaboravam planos esboçando apenas despesas e expectativa de resultados, com pouca ou nenhuma relação com a estratégia da empresa.

Para que todos os departamentos da empresa considerem a área de eventos como de extrema relevância ao atendimento dos seus resultados, é imprescindível que o gestor consiga elaborar um sistema de avaliação dos resultados da gestão de eventos. Se os gestores fossem capazes de elaborar este sistema de forma completa, todos teriam muito a ganhar, pois:

- o gestor ganharia credibilidade perante a direção da empresa e, com isso, maior prestígio entre as demais áreas;
- os funcionários, além de maior visibilidade, poderiam conquistar maiores ganhos salariais, já que, se pudessem comprovar a relação direta entre suas atividades e os resultados financeiros da empresa, teriam direito a recompensas variáveis;

152 Gestão estratégica de eventos

- a empresa ganharia, por atingir suas metas e se posicionar de melhor forma no mercado;
- todos os profissionais do setor de eventos ganhariam mais credibilidade perante o mercado e, portanto, maiores rendimentos e melhores oportunidades de emprego;
- todo o setor de eventos seria percebido como imprescindível aos negócios das empresas, recebendo assim maior aporte financeiro.

Muitas empresas até possuem uma política de avaliação dos resultados de cada evento. Porém, avaliá-los de forma individualizada, apesar de imprescindível, não é suficiente para tirar conclusões detalhadas sobre a eficácia do modelo de gestão em eventos da empresa e sobre a estratégia adotada. Para uma avaliação completa, é necessário que o gestor proceda, ainda, a duas outras análises: de acompanhamento da estratégia e de retorno de investimento.

Este capítulo discorre sobre essas três análises, para que o gestor tenha condições de responder sobre a eficácia do modelo de gestão de eventos e de sua estratégia para o período determinado. São elas: sistema de avaliação de retorno de cada evento, acompanhamento da estratégia de eventos e Roemi (avaliação do retorno do investimento em eventos).

Sistema de avaliação de resultados de cada evento[1]

A seguir, apresentamos a política de avaliação de resultados de cada evento da empresa *By the Way*, e a respectiva metodologia para tal avaliação.

---

[1] Apresenta-se a aplicação de uma metodologia própria da autora, criada em seu livro *Organização de Eventos: teoria e prática*, para a avaliação de resultados de cada evento, seja organizado pela empresa ou por participação.

Política de avaliação de resultados da gestão de eventos   153

Quadro 10.1 *Formulário de registro da política de avaliação de resultados dos eventos da* **By the Way**

Política de avaliação de resultados dos eventos da *By the Way*

Nome do documento: Política de avaliação de resultados dos eventos da *By the Way*

Número do documento: C001

Área responsável: Gerência de eventos

Data de elaboração: xx/xx/xxxx

Descrição: Documento que apresenta a política de avaliação dos resultados obtidos na participação em eventos de terceiros ou de realização própria da *By the Way*.

Últimas alterações:

Data	Responsável	Resumo	Número
			C002

Documentos de apoio:
CP001 – Metodologia de avaliação de resultados dos eventos

Política de avaliação de resultados dos eventos da empresa *By the Way*

* *Aplicação*: a política de avaliação de resultados da *By the Way* deve ser aplicada a todos os eventos, tanto para os institucionais quanto para os segmentados; para os regionais ou nacionais; estratégicos ou específicos; para os de realização própria ou de participação em eventos de terceiros.

154 Gestão estratégica de eventos

- *Responsabilidade pelas avaliações*: devem ser executadas pelo responsável pela organização do evento para apresentação final à gerência da área responsável pelo investimento.

- *Procedimento das avaliações.*

- *Processo de registro*: na fase de planejamento do evento deverão ser descritos e enumerados os objetivos, resultados esperados e métodos de sua mensuração, conforme documento BP001: Registro de eventos da empresa *By the Way*.

- *Prazo de avaliação*: deverá ser apresentada dentro do prazo máximo de 30 dias após a realização do evento.

- *Relatório final*: para que o resultado geral da participação no evento seja formalmente apresentado, deve ser elaborado um relatório final contendo:
  - objetivos traçados para o evento e os resultados esperados;
  - estratégia adotada para o evento;
  - medidas e critérios de avaliação;
  - principais resultados e análise;
  - considerações finais;
  - anexos (fotos, modelos, comentários etc.).

- *Não cumprimento*: o não cumprimento, ou cumprimento parcial, por parte do responsável pela análise dos resultados do evento implicará um apontamento negativo no processo de avaliação de desempenho.

CP001: Metodologia de avaliação de resultados dos eventos da *By The Way*

Para avaliar o retorno de cada evento, deve-se considerar análises tanto quantitativas como qualitativas. A seguir são apresentadas várias análises que devem ser realizadas para se ter uma avaliação completa e real de cada evento de participação da empresa.

Política de avaliação de resultados da gestão de eventos **155**

- *Análise quantitativa*: como o nome indica, esta avaliação é expressa em números. São vários os critérios que podem fornecer números para as avaliações:
  - quantidade de visitas/presenças no evento;
  - quantidade de agendamentos, vendas, receita e lucros gerados pelo evento;
  - crescimento percentual de vendas e de receita;
  - vendas por segmento;
  - eficiência da assessoria de imprensa;
  - resultados da divulgação do evento;
  - comparativo entre orçamento previsto e realizado.

- *Quantidade de visitas/presenças no evento*: a quantidade de visitas e presenças constitui o principal critério de avaliação usado por muitas empresas, quando não o único. Este número é muito fácil de se obter; basta contabilizar a quantidade de fichas cadastrais preenchidas, cartões de visita entregues, assinaturas recolhidas, ou outra fonte de registro das visitas/presenças durante todos os dias do evento. Além do resultado total, deve-se apresentar o diário, tornando possível a verificação dos dias de maior frequência de público e, consequentemente, aproveitando esta informação para desenvolver ações especiais, conforme o dia, nos próximos eventos. Abaixo, um modelo para anotação das presenças dia a dia.

Modelo 10.1 *Formulário para anotar quantidade de visitas no dia e no total do evento*

Número de visitas	Dia 1	Dia 2	Dia 3	Dia 4	Dia 5	Dia 6	Dia 7	Total

- *Classificação das visitas*: quando o objetivo do evento é a conquista de novos clientes, parceiros ou *prospects* – como é o caso das feiras –, deve-se, além de verificar a quantidade de visitas realizadas, efetuar sua classificação, de acordo com o tipo de visitante e/ou com o motivo da visita, conforme o Modelo 10.2.

156 Gestão estratégica de eventos

Modelo 10.2 *Anotação da classificação das visitas*

Total de visitas	% de novos clientes	% de clientes	% de *prospects*	% de parceiros	% de curiosos

Onde:

Novos clientes: visitantes que adquiriram soluções da empresa e entraram no cadastro de clientes.

Clientes: visitantes que já são clientes cadastrados da empresa.

Prospects: visitantes que mostraram interesse nas soluções mas ainda não efetivaram a compra. Estes deverão ser contatados e trabalhados pela equipe comercial da empresa.

Parceiros: parceiros comerciais, tecnológicos ou de negócios.

Curiosos: visitantes sem interesse comercial, como estudantes, concorrentes, prestadores de serviços, assessoria de imprensa etc.

Por meio desta classificação será possível confirmar o aproveitamento das visitas e a eficiência do evento durante o seu período para a conquista de novos clientes e *prospects*. À medida que o porcentual de novos clientes, *prospects* ou parceiros aumenta, melhor são os resultados do evento com relação a este item.

- ◆ *Quantidade de agendamentos, vendas, receita e lucros gerados pelo evento*: no caso de ter ocorrido apenas um contato com o visitante na ocasião do evento, sem que tenha havido venda, mas agendamentos para após o evento, e se destes vierem a resultar vendas, tais ocorrências deverão constar da análise. O número total de vendas gerado pelo evento deve ser, então, medido pelo total somado durante o seu período, acrescido daquelas geradas até um ano depois, ou mais, dependendo do tipo de produto/serviço oferecido pela empresa e que tiveram sua origem naquele evento. Esse período deverá ser considerado, pois muitas vezes as vendas não ocorrem durante ou imediatamente após o evento. Para conseguir esta análise é preciso que a empresa conte com um sistema de marketing capaz de informar, no ato da venda, a origem do cliente, permitindo saber se foi um contato desenvolvido no even-

Política de avaliação de resultados da gestão de eventos **157**

to ou se por outro mecanismo de comunicação, como de anúncios de propaganda e contatos pessoais.

Modelo 10.3 *Formulário para o registro da evolução das vendas geradas pelo evento*

Períodos	Durante o evento								Após o evento					
	Dia 1	Dia 2	Dia 3	Dia 4	Dia 5	Dia 6	Dia 7	Total 1	Período 1	Período 2	Período 3	Total 2	Total Geral	%
Número de visitas														
Número de agendamentos														
Número de vendas														

O cálculo do percentual de vendas sobre o número de visitas no evento, apresentado na última coluna do quadro, complementa a análise deste item, revelando a eficácia do evento para a conquista de novos clientes durante todo o período de avaliação dos resultados.

Além do número de vendas realizado, a empresa poderá analisar também a receita e o lucro gerados pelo evento durante todo o período de avaliação. Para tanto, deve computar a receita gerada durante o evento, dia a dia, acrescida daquela gerada durante os períodos fixos pós-evento; deste total, subtrair o investimento utilizado, obtendo-se então o lucro do evento. Veja Figura 10.1.

LUCRO DO EVENTO = RECEITA TOTAL[2] − INVESTIMENTO NO EVENTO

Figura 10.1 *Fórmula de obtenção do livro do evento*

- ◆ *Crescimento porcentual de vendas e de receita*: além do número de vendas e da receita gerada pelo evento, convém avaliar se houve crescimento porcentual com relação a períodos anteriores a ele. Para proceder a esta análise, basta completar o formulário do Modelo 10.4, comparando as vendas realizadas em um período predeterminado, anterior ao evento e que não tenha sofrido a influência de nenhuma

---

[2] Receita durante o evento + receita pós-evento, durante um período determinado.

158 Gestão estratégica de eventos

ação promocional, com as geradas durante o evento e no período subsequente a ele, considerando o mesmo intervalo de tempo do período analisado anteriormente. A diferença encontrada representará o resultado de crescimento de vendas gerado pelo evento.

Modelo 10.4 *Formulário para avaliar o crescimento percentual de vendas*[3]

Período	Total de vendas	% Crescimento
1 (Anterior ao evento)		
2 (Posterior ao evento)		$\dfrac{\text{período 2}}{\text{período 1}}$

Quando a empresa atua com diferentes produtos ou serviços, o crescimento deve ser considerado por item.

Dependendo do interesse da empresa, este quadro pode apresentar os resultados por quantidade de vendas ou por receita gerada. Caso o objetivo do evento tenha sido o lançamento e a comercialização de um novo produto durante sua realização, deverão ser analisadas no quadro as vendas provenientes do lançamento em comparação com suas versões anteriores – caso tenha tido – ou com produtos similares ou, ainda, com o volume previsto no planejamento.

- ◆ *Vendas por segmento*: outra análise interessante do resultado do evento refere-se à participação de cada segmento no total de visitas, agendamentos e vendas, que permite verificar quais segmentos foram mais ou menos receptivos à ação. Políticas comerciais futuras poderão levar em consideração esta análise, uma vez que ela representa uma amostra do comportamento dos vários segmentos com relação a uma determinada ação de marketing da empresa.

---

[3] É possível fixar o mesmo período de tempo, mas é necessário controlar outras variáveis importantes, como conjuntura econômica de cada época, sazonalidade e outras, pois, embora o número de dias seja o mesmo, as épocas são diferentes. Pode-se levar em consideração a diferença de vendas em anos anteriores, nos dois períodos, se nesses não tiver havido evento e se outras condições forem semelhantes. O resultado será sempre aproximado, e deve ser interpretado com cautela.

Política de avaliação de resultados da gestão de eventos 159

Modelo 10.5 *Formulário para avaliação dos resultados por segmento de mercado*

	Número de visitas	Porcentagem	Número de respostas	Porcentagem	Número ou volume de vendas	Porcentagem
Segmento 1						
Segmento 2						
Segmento 3						
Segmento 4						
Segmento 5						
Segmento 6						
...						
Total		100		100		100

Para avaliar os resultados de cada segmento de mercado, não basta verificar suas participações no número total de visitas, de agendamentos e de vendas. É importante analisar o porcentual de efetivação das visitas. Esta análise visa a verificar em quais segmentos se obteve maior eficiência na transformação de visitas e agendamentos em vendas. O Modelo 10.6 ajuda a visualizar este resultado.

Modelo 10.6 *Análise do retorno de vendas em comparação com o número de visitas geradas pelo evento, por segmento*

	Número total de visitas (1)	Número total de vendas (2)	Percentual de efetivação
Segmento 1			= 2/1
Segmento 2			
Segmento 3			
Segmento 4			

- ◆ *Eficiência da assessoria de imprensa*: outra análise de extrema importância refere-se ao serviço prestado pela assessoria de imprensa antes, durante e após o evento. É possível verificar esta eficiência, de acordo com os resultados quantitativos atingidos, para efetuar, em próximos eventos, ajustes ou mudanças dependendo desses resultados. Para medir o resultado quantitativo desse tipo de trabalho é necessário que sejam levantados todos os *press releases* enviados e todas as matérias

160 Gestão estratégica de eventos

publicadas referentes ao evento, bem como todos os contatos realizados com jornalistas.

A primeira análise refere-se à eficiência dos *press releases* enviados à mídia. Para tal análise, deve-se calcular o porcentual de matérias publicadas em relação ao número de *press releases* enviados. Esse porcentual representará o nível de sucesso desta operação.

Além da eficiência dos envios de *press releases,* recomenda-se checar a quantidade de novos contatos estabelecidos durante o evento que poderão gerar novas matérias publicadas.

O resultado quantitativo mais importante a ser analisado refere-se à receita total gerada em função do trabalho da assessoria de imprensa. Esta receita é obtida pela diferença entre o valor do investimento utilizado no serviço e o valor total das matérias publicadas.

Os Modelos 10.7, 10.8 e 10.9 demonstram como avaliar o resultado do trabalho de assessoria de imprensa considerando as três análises propostas.

Modelo 10.7 *Dados para avaliação do retorno dos serviços de assessoria de imprensa*

Porcentual da matérias publicadas em relação ao número de *press releases* enviados:

Quesito	Resultado
Número de *press releases* enviados (1)	
Número total de matérias publicadas (2)	
Porcentual do número de matérias publicadas sobre o de press releases enviados (= 2/1)	

Modelo 10.8 *Dados para avaliação do retorno com serviços de assessoria de imprensa*

Quantidade de novos contatos estabelecidos no evento.

Número de contatos estabelecidos no evento:	

Política de avaliação de resultados da gestão de eventos **161**

Modelo 10.9 *Dados para avaliação do retorno com serviços de assessoria de imprensa*
Receita gerada pelo evento.

Receita total gerada (= valor total da matéria[4] – investimento da ação[5]):	

- *Resultado da divulgação do evento*: o resultado final da divulgação é medido, grosso modo, pelo número de presentes ou participantes no evento, conforme já analisado. Para um resultado mais apurado, do qual sejam subtraídos outros motivos igualmente ou até mais importantes para a participação, convém perguntar aos participantes como tiveram notícia e resolveram participar do evento e qual mecanismo de divulgação foi responsável por isso, permitindo-se mais de uma resposta. Pode-se assim ter uma estimativa sobre quais mecanismos obtiveram maior eficácia, bem como aquele que não contribuiu para o resultado final. As respostas fornecidas pelos visitantes ou participantes deverão ser tabuladas, podendo ou não considerar a ordem em que cada uma foi citada, no caso de mais de uma resposta. Com a tabulação das respostas pode-se preencher o Modelo 10.10:

Modelo 10.10 *Participação de cada mecanismo de divulgação no resultado total de presenças*

Mecanismo	Número de respostas	% do total
Jornal		
Revista		
Telemarketing		
Mala direta		
TV		
Rádio		
E-mail		
Website		
Total		100

---

[4] Para obter o valor total das matérias verifique a circulação dos veículos de cada uma, bem como o tamanho da matéria (na íntegra ou somente a parte em que é citada a empresa). Com essas informações é possível calcular qual seria o custo para publicar, por intermédio da agência de propaganda, um anúncio com as mesmas características.

[5] Existem duas possibilidades para calcular o investimento utilizado com esse serviço no período do evento. Caso a empresa esteja trabalhando com a assessoria de imprensa em um esquema de *fee* mensal, sugere-se considerar o custo de um mês do serviço. Por outro lado, se a assessoria de imprensa tiver sido contratada apenas para desenvolver o trabalho durante a feira, pode-se considerar o valor total do contrato.

162 Gestão estratégica de eventos

O Modelo 10.10 apresenta uma forma de análise de mecanismos e mídias de divulgação utilizados para promover o evento. Pode ser de interesse que esta análise seja mais pormenorizada, considerando os resultados de divulgação também por veículo utilizado. Apesar de esta análise se tornar mais complexa, é possível utilizar esse mesmo quadro para tentar efetuá-la. Os dados permitirão, em eventos futuros, ter uma base para direcionar melhor a verba de divulgação, concentrando-a nos mecanismos, mídias e veículos que maiores resultados trouxeram.

* *Orçamento previsto* versus *realizado*:

Modelo 10.11 *Formulário para comparação do investimento previsto* versus *realizado*

Item/atividade	Investimento					Resultados gerados		
	Previsto	Realizado	Dife-rença	Justificativa	% Total	Pouco satisfatório	Satisfatório	Muito satisfatório
Montadora								
Recepcionistas								
Bufê								
Segurança								
Limpeza								
Divulgação								
Local								
Brindes/promoções								
Telefone								
Energia elétrica								
Filmagem e fotografia								
Atração								
Decoração								
Programação visual								
Prefeitura								
Aluguel de equipamentos								
Hospedagem								
Material promocional								
Assessoria de imprensa								
Despesas com funcioná-rios durante o evento								
Transporte								
Estacionamento								
Comitê								
TOTAL					100			

Análise qualitativa

Além da análise quantitativa, costuma ser muito útil a análise qualitativa do resultado de cada evento. Ela pode ser realizada de acordo com vários critérios:

* qualidade dos serviços prestados por terceiros e das atividades desen- volvidas pela empresa;

Política de avaliação de resultados da gestão de eventos   163

- qualidade das visitas e das vendas realizadas;
- qualidade do trabalho da assessoria de imprensa;
- qualidade do treinamento;
- *share-of-mind*;
- descrição de dificuldades e principais problemas.

Cada um desses critérios será explicado a seguir.

- *Qualidade dos serviços prestados por terceiros e das atividades desenvolvidas pela empresa*: é importante pesquisar a opinião de dois públicos: funcionários da empresa e participantes do evento.
- *Qualidade das visitas e das vendas realizadas*: como já foi mencionado, não basta avaliar o número de visitantes ou participantes e o número de vendas realizadas durante e após o evento. É necessário verificar também a qualidade desses contatos e a qualificação dos novos clientes. Para auxiliar nesta análise, apresenta-se o Modelo 10.12, que ajudará a examinar a qualidade e potencialidade de cada contato ou venda realizada. Caso o número de visitas e/ou vendas seja muito grande, impossibilitando dispor os dados em um quadro, deve-se agrupá-las de modo que possa ser entendido o conteúdo geral. Nesse modelo não devem constar aqueles visitantes que por curiosidade apenas ou por outros interesses que não comerciais estiveram no evento.

Modelo 10.12 *Lista de visitas e vendas realizadas com análise de sua qualidade*

Contato	Dia da visita	Valor inicial	Venda Nível de Importância para a empresa			Prospect Potencial de fechamento			Previsão de fechamento (data)	Nível de importância para a empresa		
			Alto	Médio	Baixo	Alto	Médio	Baixo		Alto	Médio	Baixo

164 Gestão estratégica de eventos

O nível de importância das visitas para a empresa, que pode ser visualizado no Modelo 10.12, complementa a análise da qualidade dos clientes ou contatos do evento, uma vez que define o grau de importância que cada um terá na participação total de faturamento da empresa. Para classificar cada novo cliente ou contato entre as categorias alto, médio ou baixo nível de importância, adote a regra já utilizada pela empresa.

- *Qualidade do trabalho da assessoria de imprensa*: já foram apresentadas, no que se refere às análises quantitativas, medidas para avaliar o resultado do trabalho da assessoria de imprensa no evento. Assim como ocorre com as vendas, em que é preciso criar mecanismos para analisar a qualidade das matérias publicadas. Isto significa avaliar as mídias, os veículos de exposição e o conteúdo de cada matéria.

A seguir propõem-se passos para classificar os veículos e mídias utilizados, de acordo com seu grau de importância e credibilidade na geração de uma boa imagem à empresa.

Passo 1

Começa-se atribuindo para cada veículo um valor de 1 a 4 (crescente), dependendo do grau de importância e credibilidade que ele tem no ramo e ao tipo de atuação da empresa. Quanto mais próximo ao segmento de atuação da empresa for o veículo, maior deverá ser sua nota. Por exemplo, se as vendas da empresa são dirigidas ao mercado de autopeças, um veículo com grande difusão nesse segmento merece uma nota alta. Os veículos de grande circulação nacional (caso a empresa trabalhe nesse âmbito) e que cubram assuntos gerais, como é o caso das revistas *Veja*, *Isto é*, jornal *O Estado de São Paulo*, TV Globo – *Jornal da Globo* etc., também merecem maiores notas.

Aqui foram dados alguns exemplos de como avaliar a qualidade do veículo e da mídia utilizados. Em virtude das peculiaridades de cada caso, aconselha-se procurar a ajuda de uma agência de propaganda para proceder a esta classificação. Como regra geral, pode-se dizer que, para os veículos em que haveria grande interesse, por parte da empresa, em publicar anúncios institucionais ou de produtos/serviços, deve-se atribuir notas maiores.

Política de avaliação de resultados da gestão de eventos   165

Modelo 10.13 *Avaliação por meio de atribuição de notas para o nível de importância e credibilidade de cada veículo*

Matéria	Veículos	Nota de importância do veículo
1		
2		
3		
4		

Passo 2

Após a classificação dos veículos, deve-se analisar a qualidade de cada matéria divulgada. Para tanto existem três itens de avaliação:

O primeiro item refere-se à porcentagem da matéria na qual a empresa ou seus produtos/serviços é citada. É possível que o *clipping* apresente uma matéria grande em um veículo de muita visibilidade, mas que, ao analisá-la, se perceba que nem 5% é referente à empresa ou, pior, que a grande parte da matéria fala sobre seus concorrentes. Para efetuar essa análise, proceda a uma rápida leitura das matérias, atribuindo a cada uma nota de 1 a 4 (crescente) de acordo com a porcentagem em que é referenciada a empresa ou seus produtos. Para auxiliar na definição das notas, segue um modelo de quadro de relação porcentagem *versus* nota.

Modelo 10.14 *Estabelecimento de relação porcentagem* versus *nota*

Porcentagem	Nota
1 a 10	1
11 a 30	2
31 a 50	3
mais de 50	4

Com as relações retrocitadas pode-se atribuir nota a cada matéria, completando o Modelo 10.15:

166　Gestão estratégica de eventos

Modelo 10.15 *Atribuição de nota referente à porcentagem da matéria em que a empresa foi citada*

Matéria	Nota Porcentual de Citação
1	
2	
3	
4	

O segundo item refere-se ao conteúdo da matéria. Da mesma forma que no item anterior, é preciso atribuir uma nota – de 1 a 4 – para cada matéria, procurando analisar:

- se a mensagem foi corretamente transmitida, isto é, se não houve falhas na mensagem;
- se o jornalista apresentou a empresa ou produto de forma positiva;
- se havia na matéria qualquer material visual, como fotos, ilustrações, figuras, tabelas referentes à empresa;
- se a qualidade das informações divulgadas estava acima ou abaixo da dos concorrentes que aparecem na mesma matéria;
- se a matéria identificou facilmente como localizar a empresa.

Modelo 10.16 *Atribuição de nota referente à qualidade da matéria*

Matéria	Nota de qualidade
1	
2	
3	
4	

O terceiro item refere-se à análise de outros fatores referentes à exposição, como o horário, IBOPE (no caso de TV) e local da matéria (no caso de mídia escrita), entre outros.

Política de avaliação de resultados da gestão de eventos **167**

Modelo 10.17 *Atribuição de nota referente a outros fatores de exposição*

Matéria	Nota de qualidade
1	
2	
3	
4	

Considerando as análises parciais dos itens apresentados nos quadros referentes à atuação da assessoria de imprensa, podem-se sintetizar os resultados em um único quadro, verificando a nota geral de qualidade do trabalho.

Modelo 10.18 *Resultado final da avaliação qualitativa do trabalho da assessoria de imprensa*

Matéria	1. Nota para o veículo (1-4)	2. Nota para o percentual de citação na matéria (1-4)	3. Nota para o conteúdo da matéria (1-4)	4. Nota para outros fatores da exposição (1-4)	5. Média final (1+2+3+4)/4
1					
2					
3					
4					
5					
Média total[6]					

Ao analisar a qualidade do trabalho da assessoria de imprensa, deve-se considerar as apresentações realizadas durante o evento que, embora no momento não tenham gerado nenhuma matéria, poderão servir para maior contato com jornalistas e resultar em matérias a médio e longo prazos. Portanto, avaliar a qualidade dos contatos estabelecidos por intermédio da assessoria de imprensa poderá complementar os demais resultados. Se esta avaliação for de interesse deve-se proceder da mesma forma, atribuindo notas de 1 a 4 para o nível de relacionamento e contatos mantidos durante o evento.

---

[6] Refere-se à avaliação geral de todas as matérias publicadas por intermédio da assessoria de imprensa nos períodos durante e pós-evento. Para obter a média total, basta somar a nota média final de cada matéria e dividir pelo número de matérias analisadas.

168 Gestão estratégica de eventos

- *Qualidade do treinamento*: quando o objetivo do evento for total ou parcialmente o de treinar parceiros, clientes ou mesmo funcionários da empresa, a qualidade do treinamento deverá ser avaliada em função dos resultados de aprendizado do público-alvo. Para determinar o nível do treinamento é preciso elaborar um questionário a ser distribuído a todos os "treinados" após o término do evento, avaliando seu nível de satisfação com relação aos vários aspectos abordados, ao ambiente utilizado, ao nível do instrutor e à qualidade dos equipamentos e do material distribuído, entre outros.

  Além de verificar a opinião dos participantes do treinamento, poderá ser de interesse avaliar o grau de aprendizado gerado pelo evento. Neste caso será preciso a aplicação de um teste prático – escrito ou oral – para comprovar a eficácia do treinamento.

- *Share-of-mind*: é possível saber se o evento contribuiu para o fortalecimento da marca, constituindo-se este um dos objetivos gerais dos eventos.

  A análise de *share-of-mind* é muito complexa e exige dedicação e experiência de quem irá desenvolvê-la. É realizada por meio de pesquisas de mercado, junto a uma amostra representativa do público-alvo da empresa, e requer um número suficientemente grande de respostas para se ter um resultado muito próximo da realidade.

  Essas pesquisas são comumente realizadas por empresas especializadas no ramo, que procuram coletar resultados periódicos a fim de demonstrar a evolução da situação, e não apenas uma fotografia do momento. Dificilmente a análise conseguirá mostrar alguma alteração imediata entre uma situação anterior ao evento e sua evolução logo após sua realização. É preciso manter esse tipo de análise de forma contínua, verificando qual o porcentual de participação dos eventos. Além disso, a aplicação do questionário deve ser feita por pesquisadores treinados e, preferivelmente, de fora da empresa. Como são pesquisas com teor subjetivo, as respostas podem ser facilmente direcionadas e até manipuladas, mesmo sem a consciência de quem as está aplicando ou respondendo.

Política de avaliação de resultados da gestão de eventos 169

- *Descrição de dificuldades e principais problemas*: a análise das dificuldades e dos principais problemas enfrentados na organização de um evento é muito importante para que o organizador possa, em ocasiões futuras, diminuir o número desses problemas durante o processo de planejamento e execução. Este item deve ser avaliado e registrado apenas para uso do organizador, não para divulgação ao restante da empresa.

Sugere-se o preenchimento, pelo organizador, de um quadro que deverá fazer parte de seu relatório pessoal e de seus futuros *check-lists*:

Modelo 10.19 *Listagem das principais dificuldades e problemas encontrados pelo organizador do evento*

Principal dificuldade ou problemas encontrados	Como foi resolvido	Quem deverá ser responsável pela atividade de prevenção futuramente	Quando deve ser prevista a realização desta atividade

Acompanhamento da estratégia de eventos da empresa

Uma forma de averiguar se o modelo de gestão está sendo eficiente é por meio da comparação entre aquilo que foi idealizado com o que foi efetivamente realizado. Para tanto, apresenta-se uma metodologia de acompanhamento da estratégia de eventos que pode ser aplicada, não somente ao final, mas também ao longo do período determinado. Por meio desta metodologia, o gestor de eventos da empresa poderá acompanhar e monitorar os resultados da estratégia definida, e verificar a necessidade de melhorias, alterações ou adequações do modelo de gestão de eventos da empresa ainda durante o andamento do processo ou para os próximos exercícios.

Tabela 10.1 *Metodologia de acompanhamento da estratégia de eventos da empresa* **By the Way**

IDEALIZADO

Nº	Eventos	Investimento (R$)	Objetivo de comunicação (%)			Público-alvo (%)		Tipo de participação (1 ou 0)		Abrangência (1 ou 0)		Área de negócio (%)				Segmento
			EM	V	R	PJ	PF	Próprio	Terceiro	Institucional	Segmentado	Área 1	Área 2	Área 3	Área 4	
1																
2																
3																
4																
5																
6																
7																
8																
9																
10																
11																
12																
13																
14																
15																
16																
17																
18																
19																
20																
21																
22																
23																
24																
25																
26																
27																
		R$	R$	R$	R$	R$	R$	R$	R$	R$	R$	R$	R$	R$	R$	

continua

Tabela 10.1 *continuação*

Nº	Eventos	Investimento (R$)	Objetivo de comunicação (%)			Público-alvo (%)		Tipo de participação (1 ou 0)		Abrangência (1 ou 0)		Área de negócio (%)				Segmento
			EM	V	R	PJ	PF	Próprio	Terceiro	Institucional	Segmentado	Área 1	Área 2	Área 3	Área 4	
1																
2																
3																
4																
5																
6																
7																
8																
9																
10																
11																
12																
13																
14																
15																
16																
17																
18																
19																
20																
21																
22																
23																
24																
25																
26																
27																
		R$ 0	R$ 0	R$ 0	R$ 0	R$ 0	R$ 0	R$ 0	R$ 0	R$ 0	R$ 0	R$ 0	R$ 0	R$ 0	R$ 0	

Obs.: REALIZADO

continua

Tabela 10.1 *continuação*

RESULTADO ESPERADO – ESTRATÉGIA DE EVENTOS	
EXPOSIÇÃO DA MARCA	
VENDAS	
RELACIONAMENTO	

PRÓPRIO	
TERCEIROS	

PESSOA JURÍDICA	
PESSOA FÍSICA	

INSTITUCIONAL	
SEGMENTADO	

Área 1	
Área 2	
Área 3	
Área 4	

RESULTADO REALIZADO – ESTRATÉGIA DE EVENTOS	
EXPOSIÇÃO DA MARCA	
VENDAS	
RELACIONAMENTO	

PRÓPRIO	
TERCEIROS	

PESSOA JURÍDICA	
PESSOA FÍSICA	

INSTITUCIONAL	
SEGMENTADO	

Área 1	
Área 2	
Área 3	
Área 4	

Como utilizar a Tabela 10.1

1. Preencher a primeira parte, isto é, o que foi idealizado, com os dados resultantes da fase de planejamento dos eventos.
2. Preencher a segunda parte da Tabela, isto é, o que foi realizado, com os dados obtidos após a execução de cada evento. Esses dados são gerados quando da avaliação individual de cada evento.
3. Completar as tabelas de comparação entre os resultados esperados e a estratégia realizada, inserindo fórmula na planilha para cálculo da somatória de investimento de cada item para todos os eventos.
4. Caso seja do interesse do gestor, analisar e comparar os resultados de cada segmento de mercado, podendo-se proceder de acordo com os mesmos passos acima, só que preenchendo as informações segmento a segmento.

♦ *Análises e conclusões*:
   Várias são as análises e as conclusões que podem ser obtidas da comparação entre o resultado esperado e o realizado da estratégia de eventos da empresa. A seguir são apresentados exemplos de algumas dessas análises com suas possíveis conclusões. Para facilitar a leitura

Política de avaliação de resultados da gestão de eventos   173

do texto, foram desmembradas as partes das planilhas do acompanhamento da estratégia, com o número do item a ser analisado.

Tabela 10.2 *Parte da planilha de acompanhamento da estratégia para a análise do item I*

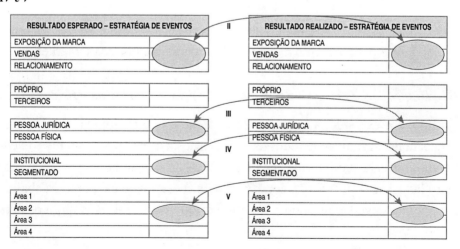

Tabela 10.3 *Parte da planilha de acompanhamento da estratégia para análise dos itens II, III, IV e V*

174 Gestão estratégica de eventos

I. Investimentos totais fora do planejado

Uma pequena diferença entre os investimentos esperados e realizados é normal e esperada. Mas, caso seja verificada uma grande diferença, para mais ou para menos, pode-se concluir que:

- eventos de menor expressão para a empresa estão demandando investimentos maiores e, portanto, devem ser reavaliados para os próximos períodos;
- há pouco reaproveitamento da estrutura operacional para os eventos, causando custos elevados;
- muitos imprevistos estão elevando os custos dos eventos, necessitando de uma melhor organização individual.

II. Desproporção do percentual de investimento para cada componente da estratégia de comunicação

Quando determinado objetivo de marketing recebe maior ou menor investimento do que o planejado pode-se concluir que:

- um ou mais eventos se apresentaram com maiores ou menores possibilidades de um dos objetivos de marketing e, portanto, devem ser reavaliados junto ao promotor do evento para que ele corrija a informação ou para que a empresa possa estudar o interesse ou não em dar continuidade ao investimento em próximas edições;
- houve falha de comunicação entre a gestão e a execução de um ou mais eventos, resultando nesta diferença. As ações e atividades escolhidas para o evento não coincidiram com o objetivo de marketing.

III. Desproporção entre a participação de pessoas jurídicas e físicas

Quando, por exemplo, a empresa espera atender outras empresas, ela se prepara para tal, organizando todos os esforços nesta direção. Se, durante o evento, ela constata que há uma maior presença de consumidores finais e, por outro lado, seus clientes não comparecem, sua estratégia cai por água abaixo. Neste caso, deve-se questionar o promotor do evento sobre os motivos para tal diferença.

IV. Maior atendimento a determinado segmento do que aos resultados institucionais ou vice-versa

Se um segmento se destaca no evento, resultado de um maior investimento em seus produtos e serviços, em detrimento dos resultados esperados de uma divulgação institucional, ou se, por outro lado, a empresa aparece e os segmentos não, pode-se concluir que:

- houve uma falha na comunicação com o mercado-alvo do evento, que entendeu a participação da empresa de forma diferente da planejada;
- determinado segmento apresenta potencial de mercado maior do que a empresa imaginava e, portanto, ganhou destaque de forma espontânea;
- os produtos e serviços do segmento prioritário no evento não atraíram público e, portanto, as atenções voltaram-se apenas para a empresa.

V. Maior destaque para determinada área de negócios, comparando o idealizado com o realizado

Da mesma forma com o que ocorre com os segmentos, pode-se verificar uma discrepância entre o que a empresa imagina ser de interesse do mercado, naquele momento, e sua aceitação com relação aos produtos e serviços de determinadas áreas de negócio da empresa.

Análise do retorno sobre investimentos na gestão de eventos – Roemi

Para a análise do retorno sobre os investimentos na gestão de eventos, a autora criou um modelo que designou Roemi (*return on event management investments*).

O Roemi é de extrema importância, pois serve para que a empresa possa tomar decisões sobre a estratégia futura da área de eventos. Ela demanda um exame detalhado da relação entre os custos da área e a sua contribuição à lucratividade da empresa.

Dificuldades envolvidas na análise do retorno sobre investimentos

Muitos gestores desistem de avaliar os resultados da estratégia de eventos pelas dificuldades envolvidas nesta tarefa. As principais dificuldades apresentadas por eles estão relacionadas a seguir.

176 Gestão estratégica de eventos

Mensuração não só das despesas diretas, mas também das indiretas

Um erro comum ao se proceder à análise dos custos de eventos é considerar apenas as despesas diretas, constantes dos orçamentos individuais de cada evento. Deve-se, entretanto, atentar para o fato de que, para o planejamento e a execução de eventos, são despendidos também valores indiretos. Estes deveriam ser rateados entre o conjunto de eventos realizados pela empresa e que, portanto, deveriam fazer parte da análise de Roemi. Entre estes custos podem-se citar:

- ◆ custos fixos de aluguel, mobília e outros itens da estrutura física da empresa;
- ◆ despesas com telefonia, Internet, material de escritório, correios e serviços de entrega;
- ◆ despesas com transporte, viagens e estacionamento dos funcionários;
- ◆ despesas com salários fixos e variáveis da área.

Eventos como um subgrupo de contribuição da receita

Avaliar a contribuição das ações de marketing em um curto espaço de tempo já não é tarefa fácil, por existir grande quantidade de variáveis que podem influenciar os resultados de vendas de uma empresa. Destrinchar essa contribuição entre todas as ações de marketing, dentre elas as de comunicação, executadas ao longo do período de avaliação, é ainda mais complexo. Então veem os eventos como um subgrupo das ações de comunicação demandando um detalhamento maior de informações.

Métodos para avaliar a Roemi

Existem duas formas de se avaliar o Roemi. Uma contábil com visão de curto prazo e mais simples de se mensurar, e a outra, mais precisa, de longo prazo, com métricas de maior complexidade.

Roemi contábil

Para o uso do Roemi contábil, com o emprego de um cálculo razoavelmente simples, pode-se estabelecer o retorno sobre o investimento gasto em eventos.

Para isto, basta relacionar o montante gasto com eventos com o incremento na receita da empresa. Assim, por exemplo, para uma empresa cujo investimento de comunicação em determinado período foi de R$ 100.000,00 e a receita, no mesmo período, de R$ 1.000.000,00, com uma margem média de contribuição dos eventos de 8% (porcentual estimado entre a média de mercado), pode-se dizer que o Roemi (retorno sobre cada real gasto com eventos), no período, foi de 0.8 (R$1.000.000/100.000 $\times$ 8%).

Quando a empresa adota uma metodologia para avaliar o retorno de cada evento, considerando a aquisição de novos clientes e a receita gerada em funções de novos contatos ou novos negócios, fica mais fácil calcular o Roemi contábil, bastando apenas consolidar os resultados individuais e obter o total do conjunto de eventos.

Não existe uma tabela em que se pode encontrar a partir de qual taxa de retorno pode-se afirmar que houve sucesso, ou não, da estratégia. O que o gestor pode fazer para responder a esta pergunta é comparar os Roemis de anos anteriores e traçar metas para os próximos anos. Desta forma, será possível averiguar se o modelo de gestão foi eficaz ao longo do tempo ou, apesar dele, os resultados permaneceram estáveis ou até pioraram.

Roemi de longo prazo

Para analisar a real contribuição da gestão de eventos para a empresa seria preciso calcular não somente o retorno financeiro de curto prazo, ou seja, de um único período. Existem vários fatores que contribuem para os resultados de longo prazo da empresa e que não se apresentam de forma tão evidente como o acréscimo de receita em um curto período. É preciso enxergar mais longe e desvendar esses outros fatores, já analisados individualmente na avaliação de retorno de cada evento. Entre eles, podem-se citar:

* *Valorização da marca*: se fosse avaliado evento a evento, qual seria o aumento do *share-of-mind* da empresa, ou seja, de percepção de sua imagem? Provavelmente, nenhuma ou quase nenhuma contribuição seria verificada. Isto porque é preciso estabelecer um período mínimo, provavelmente de cinco anos, para tal mensuração, capaz de tornar essa medida sensível às investidas em eventos.

- *Retorno sobre o market-share*: outro dado importantíssimo para análise da contribuição dos eventos para os resultados da empresa refere-se à participação percentual da receita com os produtos ou serviços da empresa em comparação à dos seus concorrentes. Esta mudança na fatia de mercado também não é sensível a ações de curto prazo e, portanto, deve ser avaliada em períodos mais extensos do que os da realização de cada evento.

O que é preciso para calcular o Roemi?

Ambas as formas de se avaliar o Roemi da empresa são factíveis, desde que sejam estabelecidas algumas ações, a saber:

- *Centro de custos*: consiste no desenvolvimento de um sistema de custos com o registro de todas as despesas e gastos efetuados, de forma direta ou indireta, pela área de eventos. Essas despesas devem ser relacionadas a determinado histórico de clientes, produtos e serviços, segmentos e regiões geográficas, entre outros fatores. O estabelecimento deste centro de custos constitui, portanto, o primeiro passo para o cálculo do Roemi, independente da metodologia escolhida pela empresa.
- *Sistema de marketing*: para que se possa concluir que determinada receita foi gerada em função de um investimento em evento, é preciso saber se ela foi originada ou recebeu algum reforço deste. Para que o estabelecimento de tal relação seja possível, é necessário que a empresa crie um sistema de registro de todos os *prospects* ou clientes que passaram pelos eventos e a evolução do comportamento deles no processo de vendas. Se este sistema for capaz de rastrear todos os passos destes clientes no relacionamento com a empresa será possível, então, relacionar as receitas com os investimentos nos eventos e, assim, calcular de forma mais precisa o Roemi.

ATIVIDADES

1. Contabilizar o número de visitas ou presenças em determinado evento é suficiente para dizer se ele obteve um bom retorno de público? O que mais é preciso analisar?
2. Como avaliar o trabalho da assessoria de imprensa na divulgação de determinado evento?
3. Quem deve responder se determinado evento apresentou uma boa qualidade de execução?
4. Pesquise junto a três gestores da área de eventos de diferentes empresas como é elaborada a avaliação do retorno de cada evento. Verifique se essas empresas avaliam os resultados da estratégia de eventos e de que forma o fazem.
5. Por que o Roemi constitui uma ferramenta para melhor avaliar o retorno dos investimentos no modelo de gestão de eventos?

PARTE V

Gestão de recursos humanos

Não basta o gestor da área de eventos ter em mãos uma estratégia de eventos bem elaborada, todo o ferramental necessário para sua execução, com políticas e processos detalhadamente definidos, se não contar com mão de obra qualificada. Na verdade, entre esses dois fatores de sucesso para o modelo de gestão de eventos da empresa, a administração de pessoas é de longe o maior desafio para o gestor da área. Selecionar, contratar, treinar, avaliar, recompensar e manter essas pessoas faz parte da gestão de recursos humanos da área de eventos. A seguir serão descritos um a um esses itens.

11

Seleção, contratação e treinamento para a área de eventos

O sucesso da área de eventos de uma empresa depende, basicamente, de um time de pessoas qualificadas e motivadas para o trabalho. Portanto, uma das atribuições do gestor de eventos, com apoio da área de recursos humanos da empresa, é encontrar as pessoas certas para cada posição dentro da área. Isto significa, em primeiro lugar, estabelecer o perfil adequado dessas pessoas. O primeiro passo da gestão de recursos humanos da área de eventos é selecionar e montar o time.

Já foi visto que o trabalho da área de eventos possui algumas peculiaridades, como:

- pelo fato de se relacionar com diversas áreas, tanto de dentro como de fora da empresa, como com clientes, fornecedores, empresas promotoras de eventos, empresas de mídia e outras mais, a carga de cobrança vinda por todos esses lados e, de diferentes maneiras, é muito pesada;
- por lidar com vários pormenores e minuciosidades, é um trabalho que exige grande organização e versatilidade;
- como lida com problemas constantes, muitos fora do seu controle, há uma forte pressão emocional para atender prazos e administrar conflitos.

Encontrar bons profissionais de eventos não tem sido tarefa fácil para os gestores da área. Quando mal selecionado, o profissional pode gerar uma série de problemas para o gestor e para a empresa, como:

Maior necessidade de treinamento

Contar com profissionais pouco ou mal preparados exige maior investimento em treinamento.

Necessidade de manter um maior controle e supervisão

Quando um profissional é mal qualificado para trabalhar na área de eventos, requer um acompanhamento mais próximo e com maiores necessidades de resoluções de problemas por ele causados.

Maiores custos

Quando a seleção é malfeita, há um consequente aumento da rotatividade na área, o que resulta em aumento nos custos com o processo de demissão, além de um desgaste inútil de energia e tempo do gestor.

Descontinuidade de processos

Quando há a saída de um funcionário, a empresa perde informações, relacionamentos e confiança junto ao mercado.

A) Seleção e contratação

Para a seleção dos melhores profissionais para montagem da equipe, o gestor deve ter bem definidos a descrição de cada cargo e o perfil do profissional mais adequado para ocupá-lo. Para a definição do perfil, é preciso considerar a formação, experiência, características de personalidade e disponibilidade para o trabalho, como local, condução e horários.

Descrição de cargo

A descrição funcional para profissionais da área de eventos é essencial para a seleção e contratação desses profissionais. Ela diz respeito às responsabilidades e ao papel de cada integrante da equipe no planejamento e na organização dos eventos. Diz também qual o perfil necessário para atuar em determinada função dentro da estrutura de eventos.

Seleção, contratação e treinamento para a área de eventos **185**

Formalizar e comunicar as atribuições específicas de cada cargo facilita o bom andamento da área e evita uma série de problemas. A seguir são descritas as vantagens de se estabelecer a descrição funcional da área de eventos:

Evita a duplicidade de tarefas

É muito comum, em empresas que falham na comunicação, encontrar duas ou até mais pessoas executando uma mesma tarefa, muitas vezes de forma concorrente e até conflitante. Além do alto custo operacional causado por esta situação, a desmotivação ou os desentendimentos podem prejudicar o bom andamento da área de eventos. É importante que cada um tenha conhecimento claro sobre as expectativas e os limites de sua atuação.

Evita a ausência de responsável por determinada tarefa

Em contrapartida à situação anterior, de duplicidade de tarefas, a falta de definição ou falha na comunicação das funções pode causar "buracos" na organização e execução de eventos. Muitas vezes, as tarefas sem "dono" podem ser descobertas tarde demais, quando pouco ou nada se pode fazer para cobrir a falha no processo.

Facilita a seleção e a contratação de pessoal

Tanto na seleção de novos profissionais, quanto na realocação de outros provenientes de outros departamentos da empresa, o fato de se ter listadas as funções e o perfil necessário para executá-las acelera o processo e reduz as possibilidades de falhas na contratação. Da mesma forma, impõe maior profissionalismo no processo, gerando maior credibilidade à empresa junto ao mercado de trabalho. Um novo funcionário que recebe uma descrição clara de suas atribuições e das expectativas da empresa com relação ao seu trabalho se sente muito mais seguro e confiante de sua escolha.

Permite e facilita a avaliação de desempenho dos colaboradores

O primeiro passo para uma adequada avaliação de desempenho é justamente a definição clara e transparente daquilo que se espera de cada funcionário da área e, ainda, do time como um todo.

Torna a comunicação com outras áreas da empresa mais efetiva

Da mesma forma que um novo funcionário sente-se seguro ao ingressar em uma empresa que divulga com clareza suas funções, os demais colaboradores de outras áreas da empresa também se beneficiam de uma comunicação transparente das responsabilidades de seu novo colega.

A seguir, veja listas de funções e perfis mais comumente empregadas no mercado, considerando os seguintes cargos: coordenador de eventos, analista de eventos estratégicos, analista de eventos de produtos.

Coordenador de eventos

O coordenador de eventos tem como funções:

- gerenciar a equipe operacional de execução de todos os eventos próprios ou de terceiros;
- avaliar resultados dos eventos executados pela empresa;
- analisar os eventos propostos e solicitados pelas unidades regionais e áreas de negócios, dentro do prazo e do processo estabelecidos no modelo de gestão de eventos;
- controlar o orçamento de eventos por regional, unidade e geral;
- treinar equipes de execução dos eventos e garantir constante atualização profissional e técnica destas no desempenho de suas tarefas;
- primar pela qualidade e uniformidade de participação e organização de eventos, seguindo os padrões definidos para todos os eventos de pequeno, médio e grande portes;
- elaborar relatórios financeiros de avaliação de resultados dos eventos, bem como demais relatórios não financeiros que analisem resultados de posicionamento da marca e de relacionamento;
- monitorar a execução da estratégia de eventos da empresa, conforme planilha apresentada no modelo de gestão de eventos, e apresentar os resultados;
- analisar tendências do mercado e do setor que possam impactar na estratégia de eventos escolhida e adotada pela empresa;
- relacionar-se com demais áreas de marketing da empresa para desenvolver, em conjunto, ações integradas de comunicação;

Seleção, contratação e treinamento para a área de eventos   **187**

- contratar e coordenar o trabalho de empresas terceiras para apoio na execução de eventos.

Perfil necessário

Formação: superior completo, com pós-graduação na área de comunicação, marketing, eventos ou similar.

Experiência: mais de cinco anos de experiência na gestão de eventos e feiras de grande porte, tanto corporativos quanto para consumidores. Experiência como gestor de equipes de organização e execução de eventos. Amplo domínio das metodologias de avaliação e controle orçamentário, bem como dos resultados de eventos. É desejável já ter atuado na cidade local do trabalho, tendo assim adquirido conhecimento sobre suas peculiaridades. Inglês é requisito básico.

Perfil: pessoa com visão estratégica do negócio da empresa, dinâmica, líder, com boa apresentação pessoal, capacidade de comunicação e facilidade de integração de equipes distantes.

Cidade de trabalho: (local da matriz da empresa).

Analista de eventos estratégicos

O analista de eventos estratégicos, que se reporta ao coordenador de eventos, tem como funções:

- organizar e participar dos eventos determinados no plano da empresa dentro dos padrões preestabelecidos para tal;
- garantir todas as ações necessárias para o atendimento do objetivo principal de marketing de cada evento;
- conseguir as melhores negociações com fornecedores e prestadores de serviços para os eventos de sua execução e participação;
- relacionar-se com todas as unidades e áreas de negócios em busca de parceiros e apoios para os eventos de sua responsabilidade;
- realizar as pesquisas e elaborar os relatórios de avaliação dos resultados de cada evento;
- controlar e respeitar o orçamento do evento;

188   Gestão estratégica de eventos

- primar pela qualidade e uniformidade de participação e organização de eventos, seguindo os padrões definidos para todos os eventos de sua organização ou participação;
- fornecer as informações e dados solicitados pela coordenação no prazo e formato estabelecidos no modelo de gestão de eventos.

Perfil necessário

Formação: superior completo, com pós-graduação na área de comunicação, marketing, eventos ou similar.

Experiência: mais de dois anos de experiência na execução de eventos e feiras de grande porte, tanto corporativos quanto para consumidores. Inglês é requisito básico.

Perfil: pessoa dinâmica, com capacidade de lidar com grandes quantidades de detalhes e informações, organizada, com boa apresentação pessoal e capacidade de comunicação.

Residir na cidade de trabalho.

Analista de eventos de produtos

O analista de eventos de produtos é subordinado ao coordenador de eventos e tem como funções:

- organizar e participar dos eventos determinados pelo plano de eventos da empresa dentro dos padrões preestabelecidos para tal;
- garantir todas as ações necessárias para o atendimento do objetivo principal de marketing de cada evento;
- conseguir as melhores negociações com fornecedores e prestadores de serviços para os eventos de sua execução e participação;
- relacionar-se com todas as unidades e áreas de negócios da empresa em busca de parceiros e apoios para os eventos de sua responsabilidade;
- relacionar-se com os gerentes de produtos para o desenvolvimento de trabalho em equipe;
- realização de pesquisas e preenchimento de relatórios de avaliação dos resultados de cada evento;
- controlar e respeitar o orçamento do evento;

- primar pela qualidade e uniformidade de participação e organização de eventos, seguindo os padrões definidos para todos os eventos de sua organização ou participação;
- fornecer as informações e dados solicitados pela coordenação no prazo e formato estabelecidos no modelo de gestão de eventos;
- acompanhar tendências do mercado e do setor de eventos para constante *feedback* da estratégia de eventos adotada pela empresa;
- prover as gerências de produtos de constantes *feedbacks* sobre a estratégia escolhida e sobre os eventos executados.

Perfil necessário

Formação: superior completo na área de comunicação, marketing, eventos ou similar.

Experiência: mais de dois anos de experiência na gestão de eventos e feiras, preferencialmente nas áreas dos produtos da empresa, tanto corporativos quanto para consumidores. Inglês é requisito básico.

Perfil: pessoa dinâmica, com capacidade de lidar com grande quantidade de detalhes e informações, organizada, com boa apresentação pessoal e capacidade de comunicação.

Residir na cidade de trabalho.

Fontes para recrutamento

Por ser profissão recente, com cursos também recém-criados e sem tradição, há escassez de mão de obra qualificada para a área de eventos. Desta forma, a empresa terá que expandir as fontes de busca para encontrar um bom número de candidatos. Por este motivo, muitos candidatos serão provenientes de áreas nem sempre diretamente relacionadas a eventos. Algumas fontes utilizadas para recrutamento de profissionais para a área de eventos são citadas a seguir.

Dentro da própria empresa

Muitas empresas adotam programas internos de recrutamento objetivando incentivar os funcionários a buscarem crescimento profissional dentro da própria empresa.

Instituições de ensino

Hoje existem mais de 80 universidades e faculdades no Brasil que oferecem cursos de graduação e/ou de especialização em eventos. Além de cursos específicos na área, há outras que oferecem cursos de graduação em áreas correlatas, como Turismo, Hotelaria, Administração, Marketing, Relações Públicas e outras. As instituições de ensino são uma boa fonte de recrutamento para a carreira de eventos, e o recrutador tem condições de escolher e priorizar as mais conceituadas entre elas.

Anúncios

Apesar de atingir um grande número de pessoas, os anúncios em jornais e periódicos resultam em baixo aproveitamento de candidatos qualificados. Talvez seja mais interessante a colocação de anúncios em mídias especializadas, cujo público leitor já esteja inserido no mercado de eventos.

Empresas de recrutamento

Essas empresas constituem uma boa fonte para recrutamento, pois a taxa de qualificação dos candidatos costuma ser alta, já que eles chegam à empresa pré-selecionados.

Dependendo do nível do cargo exigido, pode-se procurar ajuda em empresas que oferecem candidatos para atividades mais operacionais, ou outras que oferecem profissionais para posições executivas. Há várias dessas empresas que abrem espaço para que os candidatos coloquem seus currículos e perfis na Internet, promovendo um canal rápido de consulta entre candidato e contratante. Entre elas podem-se citar: *Manager Empregos*: www.manager.com.br; *Catho*: www.catho.com.br; *Universia*: www.universiaemprego.com.br.

Indicação interna

As indicações, os famosos "QI", constituem hoje, conforme comprovado por pesquisas, 70% do preenchimento total de vagas de empregos no Brasil. Muitas empresas promovem este tipo de recrutamento por meio de campanhas e premiações por indicações efetivadas. O que essas empresas buscam ao incentivar a indicação é reduzir o tempo e os riscos de contratação.

Indicação externa

Da mesma forma que a interna, a empresa pode procurar candidatos indicados por outras fontes, como: empresas parceiras, clientes, fornecedores ou qualquer outro contato externo.

B) Treinamento

Se selecionar as pessoas certas é tarefa difícil, por causa das particularidades do trabalho com eventos, treiná-las é ainda mais complexo. Como treinar a realização de um evento sem a existência dele? Como ensinar, na teoria, as fases do planejamento, de contratação de serviços, de elaboração de orçamentos?

O treinamento *on the job* costuma ser desgastante, pois toda energia está concentrada na eficiência do evento, além de ser perigoso, pois um erro do treinando pode ter consequências desastrosas para o evento e para a imagem da empresa. Como explicar que o erro foi cometido por alguém em treinamento?

Treinar profissionais de eventos significa qualificá-los para desempenhar suas tarefas da melhor forma possível. Algumas regras para o bom treinamento são descritas a seguir.

Quando treinar?

Muitas empresas dedicam praticamente todos os seus recursos de treinamento por ocasião da contratação de novos funcionários, buscando qualificá-los para suas funções e adaptá-los às políticas e aos processos inerentes ao cargo. É preciso, entretanto, considerar que o treinamento deve ser um processo contínuo de desenvolvimento profissional e não se restringir ao fornecimento inicial de conhecimento. A seguir são descritos quatro casos em que o treinamento deve ser aplicado:

- *ao ingressar na área de eventos*: quer se trate de funcionário novo na empresa ou novo no departamento de eventos, todos deverão receber treinamento para iniciar suas atividades na área;
- *para corrigir falhas*: quando ocorrerem falhas e a avaliação de desempenho sinalizar a necessidade de reforço do treinamento individual;
- *periodicamente*: o conhecimento é um bem inesgotável e precisa estar sempre atualizado. Além de novas técnicas e tecnologias que surgem

constantemente na área de eventos, é preciso não deixar que o funcionário perca contato com novas possibilidades de melhorias em processos da empresa;

- *quando a rotina desmotiva os funcionários*: é sempre útil quebrar a rotina com um treinamento, além de informar sobre as novidades técnicas, de mercado e da própria empresa.

O que treinar?

O treinamento na área de eventos não deve se restringir a fornecer informações técnicas suficientes para organizar e executar os eventos da empresa. Como já foi visto, o organizador de eventos deve possuir visão estratégica da empresa, e não somente do operacional da área. Desta forma, independente do cargo e da função exercida pelo funcionário da área, é imprescindível que ele receba conhecimentos suficientes para o seu desenvolvimento dentro da empresa. Esses conhecimentos envolvem conteúdo de treinamento, dividido em treinamentos estratégicos sobre a empresa, sobre a área de eventos e treinamento operacional.

Treinamento estratégico sobre a empresa

Um treinamento que se restringe à área de eventos não é suficiente para o bom desempenho do funcionário e contribui para isolar e desprestigiar esta área. Por este motivo, o treinamento para a área de eventos deve começar com um treinamento sobre a empresa. Ele deve constar de:

- *conhecimento geral da empresa*: todos os treinandos necessitam obter um mínimo de informações a respeito da empresa, de seus produtos e serviços;
- *cultura organizacional*: como funcionários da empresa, é necessário que entendam quais os valores, normas, atitudes e expectativas do corpo diretivo da empresa;
- *o negócio*: há a necessidade de conhecimento de quatro pontos-chave da empresa: missão, posicionamento, objetivos e estratégia;
- *processo de vendas*: conhecer a carteira de clientes da empresa, sua política comercial e o processo de vendas é imprescindível para tomar decisões na área de eventos.

Treinamento estratégico sobre a área de eventos

Embora a estratégia da área de eventos da empresa seja função e responsabilidade do pessoal executivo da área, é necessário que também os funcionários recebam uma visão geral sobre essa estratégia. Fazem, portanto, parte deste treinamento:

- *conhecimento geral do setor*: números e dados do setor de eventos devem fazer parte do conteúdo de treinamento, pois dão uma visão de proporção da estratégia de eventos da empresa;
- *estratégia de eventos da empresa*: ter acesso a informações estratégicas da área, como orçamento disponível, segmentos prioritários e tipos e formas de eventos selecionados é útil para posicionar o funcionário em relação a esses itens e evitar problemas que o total alienamento em relação a eles poderia causar;
- *modelo de gestão de eventos*: o resultado final da metodologia apresentada e aplicada à empresa em questão deverá ser passado a todos os funcionários da área de eventos, bem como todas as dúvidas com relação a ele sanadas.

Treinamento operacional

O treinamento operacional geralmente é o mais oferecido pelas empresas e às vezes constitui apenas o único. Embora importante para todos os níveis é, obviamente, mais para a equipe operacional. Ele busca treinar sobre os seguintes itens:

- *políticas e processos*: importantes para a atuação da área de eventos dizem respeito a saber quem contatar, de que forma e quando para conseguir o que se necessita dentro da organização ou do próprio setor.
- *habilidades técnicas relacionadas ao trabalho*: explorar todo o processo de planejamento e organização de eventos e, nos casos em que o cargo exija, treinamento mais específico sobre técnicas de execução dos mesmos.

Como treinar?

O treinamento de eventos é uma atividade que pode ser realizada, em parte, com antecedência à sua execução, mas que somente se concretizará, na sua

194 Gestão estratégica de eventos

totalidade, quando o profissional for colocado em situação real, ou seja, organizando um evento real. Desta forma, sugere-se que o treinamento prático do time de eventos ocorra da seguinte forma:

Teoria em sala

Toda a parte teórica do treinamento, ou seja, o conhecimento geral da empresa, sua estratégia e da área de eventos, além dos treinamentos de reciclagem e de aperfeiçoamento técnico podem ser passados em sala, de preferência fora da empresa para não dispersar a atenção dos treinandos.

Prática **on the job**

Em um primeiro momento, os novos funcionários devem apenas acompanhar a organização de eventos, apoiando nas tarefas mais simples e assistindo à execução das mais complexas ou de maior risco para a empresa. Não é prudente atribuir-lhes, durante o treinamento *on the job*, tarefas independentes e/ou tomadas de decisões importantes. De acordo com sua atuação nessas tarefas de apoio, aos poucos eles serão liberados até que possam atuar de forma independente.

ATIVIDADES

1. Discuta com seus colegas casos de que vocês se recordam sobre problemas causados pela ausência de descrição funcional de cargos nas empresas onde trabalham ou trabalharam.
2. Escolha uma empresa de seu conhecimento. Peça para conhecer a descrição funcional dos profissionais envolvidos com a organização de eventos. Analise-a de acordo com o que foi visto no capítulo.
3. Pesquise com colegas e/ou conhecidos sobre a proporção de contratações de cada fonte para recrutamento apresentada no capítulo.
4. Ao ingressar na empresa onde atua, você recebeu treinamento sobre a estratégia da empresa? E, após seu ingresso, você vem recebendo treinamentos para atualização dos seus conhecimentos?
5. Como você avalia a importância do treinamento de admissão e os de acompanhamento, em termos de eficiência no trabalho e na motivação?

12

Avaliação de desempenho e sistema de recompensas

Quando todos os envolvidos no modelo de gestão de eventos da empresa entendem a estratégia da área, a metodologia de avaliação do Roemi e cada qual o seu papel dentro dela pode-se, então, partir para o próximo passo: a construção de uma política de avaliação de desempenho, contendo indicadores pessoais e da equipe e definir uma política de recompensa individual.

A avaliação de desempenho possui vários objetivos, e é imprescindível para que os gestores da área de eventos possam tomar decisões especificadas a seguir:

Necessidade de treinamento

Por meio da avaliação de desempenho, pode-se identificar possíveis *gaps* de conhecimento e de competência por parte de colaboradores da área de eventos. Antes de partir para possíveis punições ou até decisões irrevogáveis, é importante verificar se o problema não é facilmente resolvido com um treinamento do funcionário.

Promoções e movimentações internas

O resultado da avaliação de desempenho pode permitir aos gestores selecionar e promover, com base em dados e fatos, aqueles funcionários que apresentem maior potencial para exercer, no futuro, outras funções de maior responsabilidade. Como resultado de uma avaliação de desempenho pode-se chegar, ainda, a conclusões inesperadas para determinado funcionário. Entre elas está

Avaliação do processo seletivo

A avaliação de desempenho também é útil para verificar se os processos de seleção e contratação estão sendo eficazes.

Definição de recompensas ou redefinição de salários

Além de promoções de cargos e funções, a avaliação de desempenho pode resultar na necessidade de reformulação da composição salarial do grupo ou de determinado funcionário e na definição de outros tipos de recompensas. Para uma política adequada de avaliação de desempenho, propõe-se que se parta de oito importantes premissas, explicitadas a seguir.

Caráter orientativo da avaliação

A avaliação deve servir como ferramenta de aconselhamento para os subordinados buscarem aprimoramento pessoal e profissional. Caso seja utilizada para apontar falhas e fracassos de cada um, pode ter efeito contrário ao desejado, causando desmotivação, insatisfação, insegurança e sensação de injustiça.

Alinhamento da avaliação com a estratégia de eventos

Os critérios de avaliação de desempenho dos funcionários devem estar ligados à estratégia da área. Isso significa que o gestor de eventos deve priorizar critérios estratégicos sobre os operacionais.

Descrição de cargo como fundamento para enumeração dos critérios de avaliação

As cobranças devem estar de acordo com o plano inicial traçado para o funcionário, descrito nas funções do cargo. O gestor de eventos não pode cobrar resultados que não faziam parte ou não foram claramente explicitados nas descrições das funções do cargo. Além disso, a avaliação deve se concentrar nas funções, e não na pessoa do funcionário.

Critérios claros

Muitos dos critérios utilizados no processo de avaliação são de difícil mensuração, pois a avaliação de várias tarefas desempenhadas pelos organizadores de

Avaliação de desempenho e sistema de recompensas   197

eventos, dada a natureza delas, assume caráter subjetivo. O gestor deve priorizar aqueles critérios que possam, mesmo que por aproximação, ser mensurados.

Colocação de metas que representem desafios factíveis, mas não fáceis

É mais interessante para a empresa criar metas de difícil alcance, mas que, se atingidas, dão excelente recompensa ao funcionário, do que metas fáceis de ser alcançadas, com prêmios na mesma proporção.

Levar em consideração a evolução do desempenho do avaliado

É importante avaliar o funcionário de acordo com o desenvolvimento do seu potencial, não limitando tal avaliação a um período de tempo estático.

Recompensa atrativa

Como consequência da avaliação, se a empresa não tem condições ou interesse em premiar seus funcionários de forma realmente atrativa, melhor que não crie sistema nenhum de recompensas, já que o funcionário irá interpretar a avaliação de desempenho apenas como um sistema de punição.

Considerar o trabalho de equipe na avaliação

A atividade eventos requer o envolvimento de uma série de áreas da empresa. Nem todas essas áreas terão, em seus sistemas de avaliação de desempenho, itens referentes aos resultados da estratégia de eventos, mas os funcionários desta área que interagem com as demais áreas deverão ser avaliados também pela facilidade com que se relacionam e obtêm os apoios e suportes necessários para o bom resultado da estratégia de eventos.

Critérios de avaliação

Grande parte dos gestores de eventos não possui um processo claro e formalizado para avaliar o desempenho de seus funcionários. Na maioria dos casos, a principal justificativa está na dificuldade de definir critérios e métricas mensuráveis e objetivas para os cargos desta área. De fato, muitas das tarefas dos organizadores e executores de eventos não parecem, à primeira vista, passíveis de mensuração individual, não só de forma objetiva como até subjetiva. No entanto, é importante ressaltar que são os próprios gestores que possuem dificuldades em transformar critérios aparentemente subjetivos em metas quantificáveis.

Os critérios de avaliação devem considerar todos os aspectos do trabalho dos organizadores ou executores de eventos da empresa. Desta forma, eles podem ser classificados em dois tipos: quantitativos e qualitativos. Os critérios quantitativos referem-se ao desempenho da equipe em comparação com os objetivos da área e com a estratégia da empresa. Para esta avaliação, portanto, deve-se recorrer aos resultados (Roemi) da área de eventos. Para a avaliação qualitativa, sugere-se uma lista de possíveis critérios a serem utilizados pelo gestor da área de eventos para avaliar seus funcionários. Para selecionar quais destes farão parte do formulário de avaliação de desempenho de cada funcionário, o gestor deve recorrer ao perfil e à descrição funcional de cada avaliado quando do período de contratação e de seleção.

Critérios qualitativos

- conhecimento do trabalho;
- empenho na execução das tarefas designadas;
- qualidade do trabalho;
- tempo de execução das atividades;
- iniciativa perante dificuldades;
- relacionamento interpessoal;
- liderança;
- planejamento e organização;
- pontualidade;
- aparência;
- confiança;
- grau de dependência;
- cooperação com a chefia;
- criatividade;
- postura;
- flexibilidade e compreensão de situações;
- atitude perante mudanças;
- responsabilidade;
- dinamismo;
- persistência e perseverança;
- versatilidade;
- atitude com a empresa;

- capacidade de tomar decisões;
- administração do próprio tempo;
- relacionamento com clientes, fornecedores;
- espírito de cooperação;
- interesse em crescimento pessoal e profissional.

Política de avaliação de desempenho

Para que a avaliação de desempenho seja incorporada à empresa, e em particular à área de eventos, torna-se necessário que se tenha e se defina uma política de avaliação. Algumas regras devem ser fixadas para que a política de avaliação de desempenho seja padronizada, estável e comparável ao longo dos anos. Para tanto, sugerem-se algumas dessas regras.

- *Individualidade*: mesmo contendo critérios relacionados ao desempenho da equipe de eventos, o processo de avaliação deve ser tratado de forma individual.
- *Periodicidade*: apesar de o processo de avaliação ser contínuo e continuado, o relatório final resultante deve seguir uma frequência anual, acompanhando o sistema de pagamento salarial dos funcionários da empresa. Desta forma, a empresa poderá coincidir os resultados da avaliação com a folha de pagamento, bem como as possíveis bonificações e ajustes salariais.
- *Avaliação lateral*: já que a atividade de eventos costuma requerer interação com vários outros departamentos da empresa, é válido que a avaliação seja realizada, além da chefia direta, por gestores de outras áreas.
- *Treinamento dos avaliadores*: gestores bem treinados na aplicação e execução da avaliação são primordiais para o sucesso da política de avaliação de desempenho. Além disso, permite que todos utilizem os formulários da mesma forma e com os mesmos critérios.
- *Uso de formulários padronizados*: eles permitem que as avaliações apareçam de forma padronizada, considerando-se a possibilidade de mais de um avaliador participar do processo, além de permitir que os relatórios finais sejam armazenados nos arquivos da empresa para futuras consultas ou comparações. Caso haja mais de um avaliador, as avaliações de cada um deles devem ser realizadas de forma indepen-

Gestão estratégica de eventos

dente, isto é, sem o conhecimento da avaliação dos demais avaliadores. Diante de resultados muito divergentes, o gestor pode considerar a média ou conversar individualmente com cada um dos avaliadores sobre o porquê daquela avaliação, sem mencionar as dos outros. O processo de avaliação de desempenho deve ser executado por meio de três etapas, a saber:

1. **Entrevista com o avaliado para apresentar e validar as metas e métricas**

   Após o estabelecimento das metas, dos critérios de avaliação e do sistema de recompensas, elaborados durante a fase de planejamento anual da empresa e da área de eventos, o gestor deve comunicar, pessoalmente, essas informações aos seus funcionários. Depois de estabelecido um acordo sobre o entendimento desses itens, ambos devem assinar cópia impressa do documento.

2. **Preenchimento de relatório de avaliação de desempenho**

   Ao final do período anual de operação da empresa o gestor deverá preencher o relatório de avaliação de desempenho de cada funcionário. Este deverá ser subdividido em duas fases:

   2.1 Relatório de retorno quantitativo, utilizando-se do resultado apresentado pela equipe da área de eventos e constantes do Roemi;

   2.2 Relatório do retorno qualitativo, referentes aos aspectos pessoais e profissionais do funcionário. No caso de mais de um gestor ter preenchido o documento, este segundo relatório deverá condensar o resultado da consolidação de todas as avaliações realizadas.

3. **Entrevista final com o avaliado para apresentação do resultado e para o preenchimento conjunto do relatório final de avaliação de desempenho**

   De posse do relatório de avaliação de desempenho, o gestor deve apresentar os resultados e análises nele constantes e validar a avaliação junto ao seu funcionário. Na apresentação de cada item é possível comparar os resultados com o desejado e, principalmente nos critérios subjetivos, com os de uma autoavaliação do próprio funcionário. Com base nesses resultados, o gestor e o avaliado podem traçar metas e ações corretivas para que sejam sanadas possíveis diferenças entre o atingido e o esperado. Após o estabele-

Avaliação de desempenho e sistema de recompensas   201

cimento de um acordo entre as duas partes, ambas devem assinar cópia impressa do documento.

A seguir, apresenta-se um exemplo de modelo de relatório de avaliação de desempenho qualitativo da empresa *By the Way* para o cargo de analista de eventos. Para a elaboração deste relatório foi preciso recorrer ao perfil necessário ao cargo, descrito no Capítulo 11.

Quadro 12.1 *Modelo de relatório de avaliação de desempenho qualitativo da empresa* By the Way

---

Empresa *By the Way*
Relatório de avaliação qualitativa para o cargo de analista de eventos

Conceito
Ferramenta de avaliação de desempenho qualitativo individual, considerando aspectos comportamentais e do perfil de cada cargo e função.

Periodicidade
Esta avaliação é realizada anualmente, podendo ser revisada em períodos trimestrais.

Orientações na aplicação do questionário de avaliação dos funcionários:

1. O relatório deve ser preenchido de acordo com o perfil individual de cada avaliado, e não do grupo ao qual ele pertence.

2. A avaliação deve ser feita considerando os resultados do período em questão e a evolução destes mesmos com relação a períodos anteriores.

3. As questões devem ser respondidas de forma detalhada, com o máximo de informações e justificativas. Deve também ser específica para cada questão, sem a interferência de outros fatores não relacionados ao que se está perguntando.

4. Para graduar as respostas no preenchimento do relatório o avaliador conta com uma tabela de notas. Ela deve ser consultada para cada questão e usada de forma similar para todos os avaliados e por todos os avaliadores.

AVALIADO: _____

CARGO: _____ DEPTO.: _____

AVALIADOR: _____

CARGO: _____ DEPTO.: _____

DATA: ____/____/____   P.1

---

202 Gestão estratégica de eventos

Empresa *By the Way*
Formulário de avaliação de desempenho qualitativo

Tabela de graduação

Excepcional	Acima da média	Médio	Abaixo da média	Insatisfatório
10	9 – 7	6 – 5	4 – 2	1- 0

Critério	NOTA
1. Organização: capacidade de planejar seu trabalho e organizar suas atividades em *check-lists*.	
Justificativa	
2. Dedicação: atitude e energia despendida na execução das tarefas designadas.	
Justificativa	
3. Dinamismo: versatilidade e capacidade de atuar em diferentes projetos e eventos ao mesmo tempo, sem perder o ritmo.	
Justificativa	
4. Iniciativa: capacidade para tomar providências em face de possíveis complicações durante a execução dos eventos.	
Justificativa	
5. Relacionamento pessoal: capacidade de lidar com clientes, fornecedores e colegas de forma a conseguir a cooperação de todos.	
Justificativa	
6. Independência: capacidade de desempenhar suas tarefas com pouca supervisão.	
Justificativa	
7. Qualidade: nível de precisão do trabalho realizado.	
Justificativa	
8. Atitude para com a empresa: espírito colaborativo para com a missão e os objetivos da empresa.	
Justificativa	
9. Responsabilidade profissional: conduta ética e moral na empresa e durante os eventos.	
Justificativa	
10. Criatividade: capacidade de criar ideias que melhorem os processos e a forma de executar os eventos da empresa.	
Justificativa	
11. Comunicação: capacidade de transmitir mensagens e informações importantes sobre a área de eventos para o restante da empresa e envolvidos direta ou indiretamente nos eventos.	
Justificativa	

P.2

Sistema de recompensas

Muitas empresas esquecem que, apesar de as recompensas representarem custos, também trazem-lhes benefícios e vantagens. Todo funcionário, quando ingressa em uma empresa, cria expectativas com relação à reciprocidade de sua contribuição aos resultados dela. Já se sabe que ao receber determinada recompensa, seja material ou não, em troca de um bom trabalho, esse funcionário estará mais engajado nos objetivos e na missão da empresa e, portanto, mais satisfeito e motivado com o seu trabalho. Atender a essas expectativas é uma das grandes dificuldades da gestão de pessoas.

Apesar de as empresas terem dados suficientes, provenientes da política de avaliação de desempenho, para decidir sobre possíveis recompensas para aqueles funcionários que obtiveram desempenho superior, elas nem sempre acertam no tipo e na forma como farão essa recompensa. Abaixo são estabelecidos sete princípios que devem nortear o gestor para a definição do sistema de recompensas da área de eventos.

- *Gratidão*: o funcionário deve se sentir importante para a área de eventos e, quando esta atingir ou supera seus resultados, a empresa deve se mostrar grata pela sua contribuição.

- *Reconhecimento público*: a melhor forma de demonstrar gratidão ao funcionário é por meio do reconhecimento. Este, porém, será somente valorizado pelo funcionário quando feito de forma pública.

- *Atratividade*: a recompensa deve ser atrativa para justificar toda a política de avaliação de desempenho. Essa atratividade, entretanto, deve ser analisada do ponto de vista dos desejos e necessidades reais dos funcionários, e não do que a empresa acredita ser de interesse deles. Muitas empresas gastam muito com prêmios que não são atrativos para os funcionários, o que, em lugar de reconhecimento causa insatisfação. A autora deste livro já assistiu a várias situações em que o prêmio, apesar de atrativo aos olhos da direção da empresa, para os premiados nada significava. Ela se lembra de um caso em que a empresa premiou todos os seus colaboradores bem avaliados com um aparelho de som multimídia caríssimo para carro, produto este da própria empresa, quando na verdade poucos deles possuíam carros.

204 Gestão estratégica de eventos

- *Justiça*: o sistema de recompensa deve ser percebido pelos funcionários como um sistema que premia os melhores desempenhos sob uma ótica imparcial e destituída de qualquer outro critério senão os resultantes da avaliação de desempenho, fiel e inquestionável.

- *Desafio*: se por um lado o sistema de recompensa deve ser justo e atrativo, por outro, deve ser desafiante, de forma a buscar o equilíbrio entre metas e objetivos inatingíveis e, portanto, desmotivador e aqueles facilmente atingíveis, causando acomodação e resultados apenas suficientes.

- *Equilíbrio*: o sistema de recompensas deve ser composto tanto por benefícios financeiros como os de caráter social de forma equilibrada.

- *Constância*: as recompensas não podem ser tão periódicas que se tornem obrigação para a empresa, nem inconstantes de forma que prejudique a credibilidade sobre a utilidade e os objetivos da política de avaliação de desempenho.

Tipos de recompensa

A forma de recompensa mais comumente empregada pelas empresas é de caráter financeiro. Mas nem sempre é necessário que seja assim. Existem várias outras possibilidades relacionadas ao desenvolvimento profissional e pessoal do funcionário que se caracterizam como recompensa não financeira. A seguir são exemplificadas e descritas essas duas formas de recompensa.

Recompensas não financeiras

- *Viagens de incentivo*: são formas de recompensa que priorizam a vida social fora da empresa. Muitas vezes, elas são oferecidas também para os familiares dos ganhadores, o que aumenta o caráter social da recompensa. As viagens de incentivo tornaram-se tão comuns entre as empresas que muitas agências de viagens já dedicam estruturas próprias para atender a essa demanda. A diferença de uma viagem de incentivo em relação a uma viagem normal é que a primeira é elaborada com exclusividade para os premiados, com diferenciais na programação que não estão disponíveis para passageiros comuns. Como exemplo, pode-se citar a oportunidade de dirigir um carro de Fórmula 1 na pista de corridas de Mônaco; jantar com uma cantora internacionalmente famosa; assistir à entrega do Oscar etc.

◆ *Cursos e treinamentos*: oferecer aprimoramento pessoal e profissional é uma das formas mais interessantes de se recompensar um funcionário. É um estímulo que não tem prazo para acabar, já que será útil para a vida toda, independente de ele permanecer ou não naquela empresa. Os cursos e treinamentos podem ter ou não relação com as atividades do funcionário na empresa e podem variar desde os técnicos, como uma pós-graduação, um curso de apresentação em público ou um treinamento de computação, até os de caráter cultural, como um curso sobre vinhos ou antiguidades. O importante para garantir a satisfação do ganhador desse prêmio é que sejam respeitados seus gostos e interesses na escolha do curso ou do treinamento.

◆ *Destaque em publicação interna, intranet ou murais da empresa*: às vezes, um reconhecimento público já é suficiente para garantir a satisfação e a percepção de gratidão da empresa para com o funcionário. Colocar sua foto no painel ou preparar uma matéria especial para a revista da empresa pode ser uma maneira pouco custosa, mas eficiente de recompensar os melhores desempenhos. A empresa pode, também, eleger o funcionário do mês ou do ano.

Para a área de eventos, cujo trabalho está diretamente relacionado aos objetivos de vendas da empresa, sugere-se que a política inclua, além de recompensas não financeiras, aquelas associadas aos resultados comerciais e, portanto, de caráter financeiro.

Recompensas financeiras

Há diferentes modalidades de recompensas financeiras. As mais usuais são:

◆ *Promoções salariais*: caracterizam-se pela recompensa mais comumente empregada no mercado, atrelando o desempenho a um aumento salarial, sem necessariamente resultar em alteração das funções ou mesmo do cargo.

206 Gestão estratégica de eventos

- *Movimentação interna*: as promoções salariais podem vir em decorrência de uma mudança de cargo ou função dentro da mesma área, ou uma área diferente dentro da mesma empresa, ou, ainda, em uma empresa diferente, do mesmo grupo.

- *Bonificação*: este tipo de recompensa financeira é empregado, normalmente, nas recompensas de funcionários que não participam diretamente nos resultados financeiros da empresa, mas que desempenham atividades fundamentais para que eles ocorram. O bônus é calculado sobre um percentual dos resultados financeiros de lucratividade, desde que atingido um mínimo estabelecido previamente, ou pelo atendimento de metas e objetivos estratégicos da empresa, de acordo com o grau de importância do cargo e das funções de cada funcionário. Ele é pago anualmente, normalmente sob a forma de benefício em previdência privada. É comum que esse sistema de recompensas resulte em um montante financeiro tão atrativo que possa ultrapassar o salário fixo anual dos funcionários da empresa.

- *Comissões*: este sistema de recompensas está diretamente relacionado à produtividade de vendas de cada funcionário, normalmente da área comercial. Pode ser pago mensalmente, com o salário fixo, quando da efetivação do negócio, ou ao final de um trimestre de vendas.

- *Plano de ações*: muitas empresas de capital aberto oferecem aos seus executivos planos de aquisição de quotas de ações. Como forma de recompensa pode-se, portanto, premiar os de desempenho superior com um pacote atrativo de ações da empresa. Desta maneira, ganha-se duplamente: o funcionário fica satisfeito e a empresa garante sua retenção, já que as ações, normalmente, somente podem ser vendidas de dois a cinco anos após sua aquisição, dependendo das regras de cada empresa. Elas constituem benefício de utilização em longo prazo.

- *Prêmios*: as premiações ocorrem como consequência de promoções de curto prazo e são pagas logo na sua conclusão. Além de prêmios financeiros existem aqueles que, apesar de não constituírem valores monetários, podem assim se converter, como carros e televisores.

Avaliação de desempenho e sistema de recompensas **207**

Dependendo do escalão a que cada funcionário pertence, recompensas de longo ou de curto prazo podem ser mais ou menos atrativas. As ações, por exemplo, costumam ser mais atrativas para funcionários dos escalões mais altos, enquanto os prêmios relacionados a promoções de curto prazo são mais atrativos para funcionários de menor escalão.

Relacionamento da equipe

Não se pode falar em sucesso da gestão de eventos se os responsáveis pela sua execução não estiverem satisfeitos com a empresa e com seu trabalho. Além dos itens básicos de motivação, como remuneração, benefícios, possibilidade de crescimento e outros, destaca-se a boa relação interpessoal.

É papel do gestor de eventos garantir que seu grupo se sinta motivado trabalhando em conjunto. Uma equipe coesa e integrada é capaz de produzir mais e melhor. Por outro lado, uma equipe em constantes conflitos acarreta desgaste, tanto para o gestor quanto para a empresa, influenciando, inclusive, nos custos desta. Algumas dicas que ajudam a manter positivas as relações no trabalho:

- mantenha o time sempre informado sobre as principais decisões da empresa e da área, avisando-os com antecedência;
- desenvolva um programa completo de integração para receber novos funcionários;
- administre e trate de forma rápida e objetiva os conflitos da área, antes que eles prejudiquem mais o relacionamento entre os envolvidos;
- trate todos de forma equitativa, elogiando os bons resultados e ações em público e discutindo falhas e problemas individualmente, em particular;
- faça uma gestão participativa, ouvindo todos e criando um sistema de sugestões no qual todos os funcionários possam expressar suas opiniões e colaborar com a área, sugerindo ideias para melhorias;
- organize encontros sociais, fora da empresa, para que o time possa se conhecer melhor e se integrar em ambientes descontraídos.
- quando do sucesso de um evento, promova um *happy hour* com a presença, se possível e se o tamanho do sucesso comportar, com membros da diretoria da empresa para comemorar os resultados. Divulgue essa ação no mural ou no jornal da empresa.

ATIVIDADES

1. Discuta com seus colegas, utilizando-se da experiência pessoal de cada um, quais as vantagens e desvantagens da política de avaliação de desempenho na área de eventos.

2. Analisando o sistema de avaliação de desempenho de sua empresa, ou a de seus colegas, verifique se ela é composta por critérios quantitativos e qualitativos. Agora, responda: os critérios possuem relação com as metas da empresa? Além disso, eles foram apresentados quando do processo de contratação?

3. Quais as vantagens do uso de critérios quantitativos e quais as dos qualitativos?

4. Discuta com seus colegas quais tipos de premiação você e seus colegas consideram que seriam mais atrativos para cada um pessoalmente.

5. Sugira um método para saber quais recompensas não financeiras seriam atrativas para determinado grupo de funcionários de uma determinada empresa de seu conhecimento. Justifique. Se possível, aplique e analise os resultados. (Não se esqueça de informar, deixando claro aos funcionários pesquisados, que se trata meramente de um trabalho escolar e que nada tem a ver com a empresa.)

Anexos

Anexo I – Estudo de casos

Para ajudar o leitor a entender, de forma prática, e aplicar o conteúdo apresentado no livro, desenvolve-se neste anexo uma série de casos, acompanhados, ao final, de questões abertas, que darão ensejo a debates e troca de ideias entre interessados, enriquecendo o conhecimento adquirido na teoria.

Para profissionais da área de eventos, estes casos servirão como estudo de *best practices* com o intuito de avaliar comparativamente a situação de sua empresa com o que se aplica no mercado, e assim, consequentemente, promover possíveis melhorias internas.

Todos os casos apresentados são de empresas reais, porém, a fim de preservar dados estratégicos e sigilosos, e ao mesmo tempo possibilitar a autora criticar e analisar sem parcialidade os dados apresentados, tais empresas não foram identificadas. A escolha foi feita de forma a obter uma heterogeneidade nos casos, isto é, com características diferentes entre eles.

Os casos foram desenvolvidos por meio de pesquisa pessoal junto aos diretores ou gerentes da área responsável pelo planejamento dos eventos das empresas, fazendo-se uso do roteiro de entrevista apresentado a seguir:

Roteiro de pesquisa sobre *best practices* em gestão de eventos

Estrutura da área de eventos

1. Qual o modelo de estrutura da área de eventos de sua empresa: matricial ou por linha de produtos? Centralizada na matriz ou descentralizada por filial? Como as filiais se reportam à matriz?

210 Gestão estratégica de eventos

2. Como é a estrutura de eventos? Quantas pessoas, como estão divididas e a quem se reporta a área?
3. Quem controla o centro de custos de eventos? Quem define de quais eventos participar (institucionais, regionais, de filiais, por linha de produto)? Quem aprova solicitações de eventos?
4. A empresa possui prestador de serviço na área de eventos? Para quais tipos de eventos?

Tamanho da área

1. Quanto a empresa investe em eventos, em percentual, proporcionalmente aos investimentos de comunicação?
2. Quanto a empresa investe em eventos, em percentual, proporcionalmente ao faturamento?
3. De quantos eventos participa, aproximadamente, por ano, divididos entre:
   a. eventos próprios.
   b. eventos de terceiros.

Com o emprego deste roteiro, a autora entrevistou diretores responsáveis pela gestão das áreas de comunicação ou de eventos, dependendo da estrutura de cada uma das sete empresas pesquisadas.

A seguir é apresentado, em forma de tabela, um resumo das características das empresas estudadas. Para efeitos de identificação, e pela inconveniência de citar os nomes das empresas, elas aparecem como A, B, C etc.

Tabela 1 *Característica das empresas pesquisadas*

Empresa	Nível de participação em eventos	Dedicação da estrutura de eventos			Por divisão	Matricial	Atuação da empresa	Segmento	Mercado de atuação
		Dedicada	De apoio	Terceirizada					
A	ALTO	X				X	Multinacional	Tecnologia	B2B e B2C
B	BAIXO	X				X	Multinacional	Consumo	B2C
C	BAIXO	X			X		Multinacional	Financeiro	B2B e B2C
D	ALTO	X				X	Nacional	Educacional	B2C
E	ALTO		X			X	Nacional	Consumo	B2C
F	MÉDIO		X			X	Multinacional	Tecnologia	B2B
G	ALTO			X			Multinacional	Tecnologia	B2B e B2C

Anexos   211

A seguir são descritos cada um dos itens da tabela acima:

- **Nível de participação em eventos**: dependendo do valor anual investido na atividade eventos, as empresas foram classificadas em três níveis de participação: alto, médio e baixo. Para tal classificação foi utilizado o critério descrito anteriormente, quando da apresentação do nível médio de investimento, das empresas nacionais, em eventos, em relação ao faturamento anual dessas e em relação ao valor investido em comunicação. Desta forma, o critério é o seguinte:

Tabela 2 *Critério de classificação das empresas pesquisadas por nível de participação em eventos*

Nível de participação em eventos	Proporção de investimento em eventos sobre comunicação	Proporção de investimento sobre o faturamento
ALTO	Mais de 24%	Mais de 2,15%
MÉDIO	De 17% a 24%	De 0,8% a 2,15%
BAIXO	Menos de 17%	Menos de 0,8%

Para classificar cada empresa segundo o critério acima serão consideradas as duas proporções de investimento, tanto sobre o faturamento quanto sobre a comunicação. O percentual mais alto entre as duas proporções será priorizado para decidir sobre o nível de participação em eventos. Assim, por exemplo, uma empresa com percentual alto de investimento sobre faturamento, porém baixo sobre os investimentos de comunicação, será classificada como de alto nível de participação.

- **Dedicação da estrutura de eventos**: as empresas pesquisadas foram classificadas, de acordo com a dedicação de estrutura de eventos, apresentada em três categorias, a saber:

Tabela 3 *Categorias para dedicação de estrutura de eventos*

Categoria	Características
Dedicada	Estrutura independente, com equipe dedicada 100% para a organização de eventos.
De apoio	Inexistência de uma estrutura formal de eventos.
Terceirizada	Estrutura contratada externamente para a organização dos eventos da empresa.

212 Gestão estratégica de eventos

- **Tipo de estrutura de eventos**: além de pesquisar sobre a dedicação da estrutura de eventos, foi analisado o tipo dessa estrutura, para se saber se ela é matricial ou por divisão, seja esta por segmento, área de negócio ou linha de produto. Caso a estrutura seja terceirizada, nenhum dos tipos de estrutura foi selecionado.

- **Atuação da empresa**: as empresas foram divididas entre atuação nacional ou atuação global, isto é, multinacionais.

- **Segmento**: setor da indústria onde a empresa atua.

- **Mercado de atuação**: seguindo os critérios apresentados no Capítulo 5, as empresas pesquisadas foram classificadas entre com atuação no mercado corporativo, ou seja, B2B, aquelas que comercializam seus produtos ou serviços para o mercado de pessoas físicas, denominado B2C, ou as que atuam nos dois mercados.

A seguir são descritos os sete casos, com as informações levantadas em pesquisa e apresentadas por meio de três itens: dados da participação em eventos, desenho da estrutura geral de eventos e descrição da estrutura geral de eventos.

CASO A – Empresa do setor de tecnologia com grande dependência de eventos

1. Dados da participação em eventos

Tabela 4 *Dados da participação em eventos*

Proporção de investimento em eventos (%)	
A. Sobre faturamento total	1,20%
B. Sobre comunicação	35%
Quantidade de eventos/ano (nº)	
A. Total	300
Eventos próprios	210
Eventos de terceiros	90

2. Desenho da estrutura geral de eventos

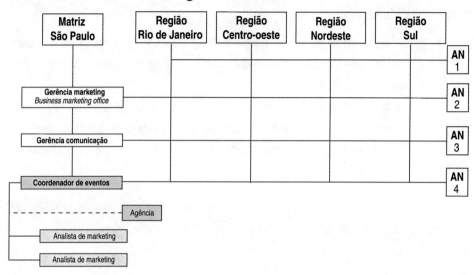

3. Descrição da estrutura geral de eventos

Tamanho da área: A estrutura de eventos da empresa é composta por um coordenador de eventos e dois analistas de marketing dedicados *full-time*.

Tipo de estrutura: matricial para atender a quatro áreas de negócios e centralizada, em São Paulo, para atender, além das necessidades da própria matriz, a quatro filiais localizadas em outros estados.

Reporte: reporta-se diretamente à gerência de comunicação.

Adendos à estrutura: a empresa conta com uma agência predefinida para apoio aos eventos de grande porte e para operacionalização de eventos regionalizados. No caso de eventos regionais, a agência possui parceiros que atuam regionalmente.

Coordenação regional: a empresa não possui estrutura de eventos nas suas filiais. A organização é realizada pela estrutura matricial com deslocamento dos recursos necessários. O apoio local é realizado pelo coordenador do escritório.

214   Gestão estratégica de eventos

Decisões de investimento: as decisões de investimento em eventos são responsabilidade de:

- *cada área de negócio.* A verba é informada à área de eventos, caso a caso. O controle do centro de custos é de responsabilidade de cada área de negócio.
- *cada filial.* Nos eventos regionais, a filial deve solicitar os recursos materiais e de pessoal para a matriz e efetuar o pagamento dos eventos de forma direta. O controle do centro de custos é de responsabilidade de cada filial.

Processo de contratação de terceiros: quando a empresa realiza um evento estratégico sempre contrata uma mesma agência. Nos eventos de menor valor estratégico executa concorrência de mercado.

CASO B – Empresa do setor de consumo com baixa dependência de eventos

1. Dados da participação em eventos

Tabela 5 *Dados da participação de eventos*

Proporção de investimento em eventos (%)	Área 1
A. Sobre faturamento total	0,30%
B. Sobre comunicação	10%
Quantidade de eventos/ano (nº)	
A. Total	35
Eventos próprios	5
Eventos de terceiros	30

2. Desenho da estrutura geral de eventos

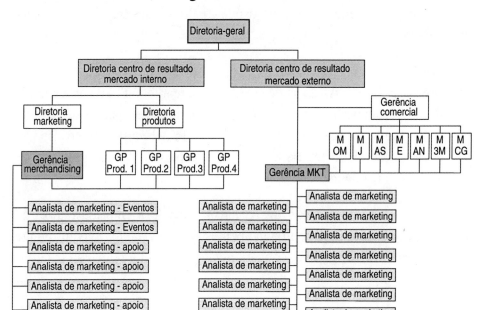

3. Descrição da estrutura geral de eventos

Tamanho da área: a estrutura de eventos da empresa para o mercado interno é composta por um gerente de merchandising, dois analistas de marketing dedicados *full-time* a eventos, e quatro analistas de marketing eventualmente atuantes em eventos.

Tipo de estrutura: matricial e centralizada em São Paulo, para atender às quatro áreas de produtos no mercado interno.

Reporte: a estrutura se reporta diretamente ao diretor de marketing.

Adendos à estrutura: a empresa contrata agências de apoio para a execução quando o evento é de grande porte ou quando há uma sobrecarga de atividades na área. A logística e a coordenação dos eventos são gerenciadas pela área de eventos.

Coordenação regional: a empresa não possui estrutura de eventos em suas regionais. A organização é realizada pela equipe comercial local, com o

216　Gestão estratégica de eventos

apoio de terceiros e com a coordenação da área de eventos. Há um processo de aprovação de eventos nas filiais quando o valor ultrapassa o limite máximo de autonomia.

Decisões de investimento: estas decisões são de responsabilidade de cada área de produto. As áreas de eventos e de marketing não participam da decisão de participação nestes eventos, apenas oferecem apoio no levantamento do orçamento, realizando pesquisas com fornecedores, e na padronização de exposição da marca. Para os eventos corporativos a decisão é, na sua totalidade, da área de marketing.

Processo de contratação de terceiros: quando a empresa realiza um evento estratégico sempre contrata uma mesma agência. Nos eventos de menor valor estratégico, executa concorrência de mercado, realizada pela área de suprimentos.

CASO C – Empresa do setor financeiro com baixa dependência de eventos

1. Dados de participação em eventos

Proporção de investimento em eventos (%)	
A. Sobre faturamento total	0,01%
B. Sobre comunicação	1%
Quantidade de eventos/ano (nº)	
A. Total	30
Eventos próprios	5
Eventos de terceiros	25

2. Desenho da estrutura geral de eventos

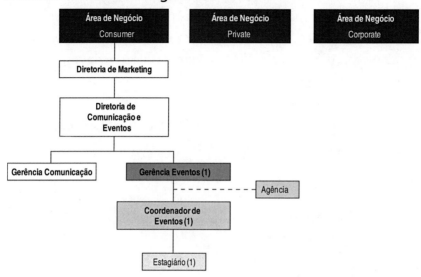

3. Descrição da estrutura geral de eventos

Tamanho da área: a estrutura de eventos da empresa é composta por um gerente de eventos, um coordenador de eventos e um estagiário, dedicados *full-time* para os respectivos segmentos.

Tipo de estrutura: por segmento de atuação (*consumer*; *private* e *corporate*), e centralizada em São Paulo, para atender às agências regionais.

Reporte: reporta-se diretamente ao diretor de marketing da área de negócio.

Adendos à estrutura: a empresa sempre contrata agências promocionais e de apoio para a execução dos eventos. A logística e a coordenação dos eventos são gerenciadas pela área de eventos.

Coordenação regional: a empresa não possui estrutura de eventos nas suas regionais. A organização é realizada por empresas de apoio, com a coordenação da área de eventos.

Decisões de investimento: as decisões de investimento são responsabilidade.
  * *de cada área de negócio*. Como cada área possui sua própria estrutura de eventos, não há troca de informações financeiras entre as áreas.

- *da área de marketing*. As solicitações de eventos são submetidas e avaliadas pelas regionais e em seguida enviadas para análise e aprovação de marketing. Os pedidos são formalizados por *e-mail* em formulário específico. O controle do centro de custos é de responsabilidade do marketing.

CASO D – Empresa do setor educacional com grande dependência de eventos

1. Dados da participação em eventos

Proporção de investimento em eventos (%)	
A. Sobre faturamento total	6,17%
B. Sobre comunicação	51%
Quantidade de eventos/ano (nº)	
A. Total	432
Eventos próprios	90
Eventos de terceiros	342

2. Desenho da estrutura geral de eventos

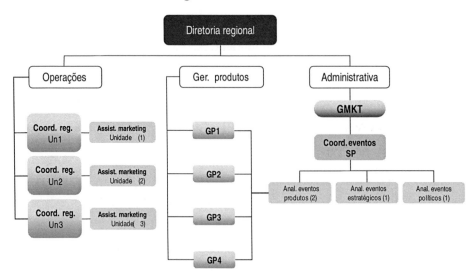

3. Descrição da estrutura geral de eventos

Tamanho da área: a estrutura de eventos da empresa é composta por um coordenador de eventos e três analistas de eventos, sendo um para os eventos de produtos, um para estratégicos da empresa e outro para políticos, todos dedicados *full-time*. Além disso, três assistentes de marketing, cada um em uma das unidades regionais, dão apoio local para a organização de eventos regionais.

Tipo de estrutura: matricial e centralizada em São Paulo, para atender às quatro gerências de produtos, com três assistentes de marketing reportando-se diretamente às coordenadorias regionais e indiretamente à gerência de marketing.

Reporte: reporta-se diretamente à gerência de marketing.

Adendos à estrutura: a empresa não contrata agências promocionais e de apoio para a execução dos eventos. Todos são organizados pela equipe interna.

Coordenação regional: a empresa não possui estrutura de eventos nas suas regionais. A organização é realizada por assistentes de marketing locais, com a coordenação da área de eventos de São Paulo.

Decisões de investimento: estas decisões são de responsabilidade da gerência de marketing, com participação das gerências de produtos e regionais. O centro de custos é de total administração da área de eventos, com informações e *reports* fornecidos pelos assistentes de marketing regionais e pelos analistas de eventos da estrutura central.

CASO E – Empresa do setor de consumo com alta dependência da atividade de eventos

1. Dados da participação em eventos

Proporção de investimento em eventos (%)	
A. Sobre faturamento total	1,60%
B. Sobre comunicação	38%
Quantidade de eventos/ano (nº)	
A. Total	311
Eventos próprios	280
Eventos de terceiros	31

2. Desenho da estrutura geral de eventos

Gerência marketing SP	Regional 1	Regional 2	Regional 3

Estrutura marketing
- Web
- Institucional
- RP
- Propaganda

Estrutura → **matricial**

- Diretoria comercial UN 1
  - GP | GP | GP
- Diretoria comercial UN 2
  - GP | GP
- Diretoria comercial UN 3
  - GP | GP

3. Descrição da estrutura geral de eventos

Tamanho da área: toda a estrutura de marketing da empresa está sediada na matriz, em São Paulo. Não existe uma estrutura formal de eventos na área de marketing. Esta área é composta por um gerente e quatro assistentes, que dão apoio a todas as ações de comunicação da empresa em todas as regionais.

Tipo de estrutura: a estrutura de marketing é matricial e centralizada em São Paulo, para atender às três grandes famílias de produtos, por todas as regionais da empresa. Porém, toda a execução de eventos é realizada pela diretoria comercial da linha responsável, que conta, apenas quando necessário, com um apoio da estrutura de marketing.

Adendos à estrutura: a empresa não contrata agências de apoio para a execução dos eventos, que é realizada e coordenada pela regional, com a contratação de serviços específicos de fornecedores para eventos.

Coordenação regional: a empresa não possui estrutura de eventos nas suas regionais. A organização é realizada pela equipe comercial local.

Decisões de investimento: estas decisões e o centro de custo de eventos são de responsabilidade da diretoria de cada família de produtos. Quando o evento inclui mais de uma família, a decisão passa a ser da diretoria regional. Apenas os eventos corporativos são decididos e realizados pela estrutura de marketing da matriz.

CASO F – Empresa de tecnologia com relativa dependência da atividade eventos

1. Dados da participação em eventos

Proporção de investimento em eventos (%)	
A. Sobre faturamento total:	0,5%
B. Sobre comunicação:	18%
Quantidade de eventos/ano (nº)	
A. Total:	15
Eventos próprios:	5
Eventos de terceiros:	10

2. Desenho da estrutura geral de eventos

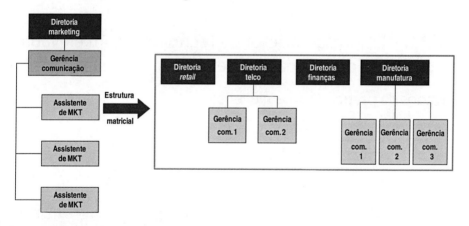

3. Descrição da estrutura geral de eventos

Tamanho da área: a área de marketing da empresa é composta por um diretor de marketing, três gerentes, sendo um de comunicação. Na área de comunicação são três assistentes que dão apoio a todas as ações de comunicação da empresa em todas as regionais.

Tipo de estrutura: a estrutura de marketing é matricial e centralizada em São Paulo, para atender aos quatro segmentos: financeiro, varejo, telecomunicações e manufatura. Os eventos regionais são organizados e coordenados pela estrutura de marketing central, com o apoio dos assistentes comerciais locais.

Adendos à estrutura: a empresa não contrata agências de apoio para a execução dos eventos, que é realizada e coordenada pela estrutura de marketing, com a contratação de serviços específicos de fornecedores para eventos.

Coordenação regional: a empresa não possui estrutura de eventos em suas regionais. A organização é realizada pela equipe de marketing, que se desloca para a cidade do evento.

Decisões de investimento: estas ocorrem em parceria entre marketing (gerência de produtos) e cada diretoria de segmento. O centro de custo de eventos é de responsabilidade da diretoria de cada segmento. Quando o evento inclui mais de um segmento, a decisão passa a ser da diretoria de marketing. Os eventos corporativos são decididos e realizados pela estrutura de marketing.

CASO G – Empresa do setor de tecnologia com elevada dependência da atividade de eventos

1. Dados da participação em eventos

Proporção de investimento em eventos (%)	
A. Sobre faturamento total	1,80%
B. Sobre comunicação	35%
Quantidade de eventos/ano (nº)	
A. Total	50
Eventos próprios	15
Eventos de terceiros	35

2. Desenho da estrutura geral de eventos

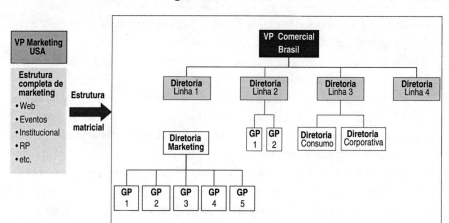

3. Descrição da estrutura geral de eventos

Tamanho da área: a estrutura de eventos da empresa, assim como toda a estrutura de marketing, estão sediadas na matriz norte-americana. O Brasil possui apenas um pequeno time de apoio na comunicação institucional. A empresa terceirizou toda a área de eventos a um único parceiro.

Tipo de estrutura: matricial e centralizada nos EUA, para atender às quatro grandes áreas de negócio.

Reporte: a agência fixa de eventos reporta-se diretamente ao VP de marketing, sediado nos EUA.

Adendos à estrutura: a empresa contrata pequenas agências de apoio para a execução dos eventos quando são de pequeno porte. A logística e a coordenação são gerenciadas pelo parceiro.

Coordenação regional: a empresa não possui estrutura de eventos nas suas regionais. A organização é realizada pela equipe comercial local, com o apoio de terceiros e a coordenação da empresa parceira ou da área de negócio.

Decisões de investimento: estas são de responsabilidade de cada área de negócio nos EUA. No Brasil não é decidido o orçamento da área, e a decisão final de realizar, ou não, um determinado evento é totalmente da matriz.

QUESTÕES PARA DISCUSSÃO E ANÁLISE

1. Comparando os casos das empresas B e C, ambas com baixa dependência de eventos em suas estratégias financeiras, o que poderíamos afirmar com relação às suas estruturas da área de eventos? Em qual dos dois casos deveria haver uma revisão dos custos com estrutura?

2. No livro afirmou-se ser de responsabilidade direta do gerente de eventos planejar e definir a estratégia de eventos da empresa. No caso da empresa A é possível afirmar que a estrutura de eventos poderia contar apenas com um coordenador, em vez de um gerente de eventos? Por quê?

3. Em qual dos sete casos apresentados houve uma segmentação da área de eventos para atender a diferentes tipos dos eventos? Indique e justifique em qual outro caso seria interessante haver segmentação da área de eventos.

4. No caso da empresa E, nota-se uma evidente necessidade de reestruturação para atender à sua grande dependência com relação à atividade de eventos. Que estrutura de eventos você sugeriria para este caso?

5. Estime o custo da estrutura proposta por você na questão 4.

6. Analisando a proporção de investimentos em eventos sobre o faturamento total da empresa e a quantidade de eventos/ano, o que é possível concluir sobre o caso da empresa G se comparado aos casos A e D?

7. Em sua opinião, em qual das empresas apresentadas o problema de estrutura de eventos foi resolvido da melhor forma? E qual caso deveria sofrer maiores mudanças estruturais? Justifique.

8. Analise a estrutura de sua empresa e compare-a com os casos das sete empresas apresentadas. Com qual deles ela se assemelha mais?

9. Com base no estudado no livro e na sua experiência pessoal, que mudanças você acha seriam necessárias ou recomendáveis (ou nenhuma) para cada um dos sete casos estudados?

10. Com base no estudado no livro e na análise dos casos das sete empresas, que mudanças (ou nenhuma mudança) você proporia para a sua empresa?

Anexo II – Algumas fontes de busca da lista-base de eventos de terceiros

Associações e órgãos governamentais	
IBC – *International Business Communications*	www.ibc.com.br
IIR – *Institute for International Research*	www.iir.com.br
UBRAFE – *União Brasileira de Promotores de Eventos*	www.ubrafe.com.br
ABAV – *Associação de Agências de Viagens*	www.abav.com.br
EMBRATUR – *Instituto Brasileiro de Turismo*	www.embratur.com.br
CVC&VB – *Confederação Brasileira de Convention & Visitors Bureaux*	www.fbcvb.org.br
CEBRASSE – *Central Brasileira do Setor de Serviços*	www.cebrassse.org.br
São Paulo Turismo	www.spturis.com
MDIC – *Ministério do Desenvolvimento, Indústria e Comércio Exterior*	www.mdic.gov.br
AMPRO – *Associação Brasileira de Marketing Promocional*	www.ampro.com.br
ABEOC – *Associação Brasileira de Empresas de Eventos*	www.abeoc.org.br
ABRAPE – *Associação Brasileira dos Promotores de Eventos*	www.abrape.art.br
EVENTPOOL – *Associação das Agências de Turismo Operadoras de Eventos*	www.eventpool.com.br
ABCR – *Associação Brasileira de Captadores de Recursos*	www.captacao.org
ABRACCEF – *Associação Brasileira de Centros de Convenções e Feiras*	www.abraccef.org.br
Publicações	
Guia Panrotas	www.panrotas.com.br
Revista Exame	www.portalexameabril.com.br
Revista Info Exame	http://info.abril.com.br
Revista Eventos	www.revistaeventos.com.br
Portal dos Eventos	www.portaleventos.net
Revista Feira & Cia	www.feiraecia.com.br
Revista Festas & Eventos	www.revistafestaseeventos.com.br
Revista Meio & Mensagem	www.meioemenasagem.com.br
Revista Feiras & Negócios	www.feirasenegocios.com.br
Eventos Corporativos em Revista	www.feiraecia.com.br
Revista *Net Eventos*	www.neteventos.com.br
Revista Online *Aconteça Eventos*	www.acontecaeventos.com.br
Revista *Você S.A.*	www.vocesa.abril.com.br
Feiras TV	www.feirastv.com
Calendário Feiras do Brasil	www.feirasdobrasil.com.br
Que tal viajar	www.quetalviajar.com
Braziltradenet	www.braziltradenet.gov.br
Espaços e organizadores de eventos	
Amcham Brasil	www.amcham.com.br
HSM Management	www.hsmglobal.com
Anhembi Parque	www.anhembi.com.br
Alcântara Machado	www.reedalcantara.com.br
Lemos Britto	www.lemosbritto.com.br
Centro de Exposições Imigrantes	www.centroimigrantes.com.br
Centro de Exposições Center Norte	www.expocenternorte.com.br
ITMidia	www.itmidia.com.br

Anexo III – Algumas instituições de ensino superior e de pós--graduação que oferecem cursos ou disciplinas sobre eventos no Brasil

Instituição
Anhanguera – Ensino Superior   (SP)
Associação Cultural e Educacional de Garça   (SP)
Centro de Ensino Unificado de Teresina   (PI)
Centro de Ensino Unificado do Distrito Federal – Unidf   (DF)
Centro Universitário Newton Paiva   (MG)
Centro Universitário da Cidade   (RJ)
Centro Universitário de Belo Horizonte – Uni-Bh   (MG)
Centro Universitário de Brasília – Uniceub   (DF)
Centro Universitário de Ciências Gerenciais da UNA   (MG)
Centro Universitário de Vila Velha   (ES)
Centro Universitário FUMEC   (MG)
Centro Universitário Monte Serrat   (SP)
Centro Universitário Nove de Julho   (SP)
Escola Superior de Marketing de Recife   (PE)
Escola Superior de Propaganda e Marketing – Rio de Janeiro   (RJ)
Escola Superior de Propaganda e Marketing – São Paulo   (SP)
Faculdade Anhanguera de Ciências Humanas   (SP)
Faculdade Assis Gurgacz   (PR)
Faculdade Baiana de Ciências – Fabac   (BA)
Faculdade da Cidade de União da Vitória   (PR)
Faculdade de Agudos   (SP)
Faculdade de Ciências Sociais Aplicadas de Fortaleza   (CE)
Faculdade de Comunicação Social Cásper Líbero   (SP)
Faculdade do Nordeste   (CE)
Faculdade Editora Nacional   (SC)
Faculdade Escritor Osman da Costa Lins   (PE)
Faculdade Integrada Cantareira   (SP)
Faculdade Integrada da Bahia (BA)
Faculdade Lions   (GO)
Faculdade Opet   (PR)
Faculdade Pernambucana   (PE)
Faculdade Salesiana Maria Auxiliadora   (RJ)
Faculdade São Judas Tadeu do Piauí   (PI)
Faculdade Senac de Turismo e Hotelaria de São Paulo   (SP)
Faculdade Sul-americana   (GO)
Faculdades Icesp   (SP)
Faculdades Integradas de Botucatu   (SP)
Faculdades Integradas Hélio Alonso – FACHA   (RJ)

Instituição
Faculdades Integradas Teresa D'ávila (SP)
Fundação Armando Álvares Penteado (SP)
Fundação Getúlio Vargas – Rio de Janeiro (RJ)
Instituto de Educação Superior de Brasília (DF)
Instituto de Ensino Superior de Joinville (SC)
Instituto Paraibano de Ensino Renovado (PA)
Instituto Pernambucano de Ensino Superior (PE)
Pontifícia Universidade Católica de Campinas (SP)
Pontifícia Universidade Católica de Minas Gerais (MG)
Pontifícia Universidade Católica de São Paulo (SP)
Pontifícia Universidade Católica do Rio Grande do Sul (RS)
Unidade Baiana de Ensino, Pesquisa e Extensão – Unibahia (BA)
Unisulbahia Faculdades Integradas (BA)
Universidade Anhembi Morumbi (SP)
Universidade Bandeirante de São Paulo (SP)
Universidade Camilo Castelo Branco – Unicastelo (SP)
Universidade Cândido Mendes (RJ)
Universidade Católica de Goiás – UCG (GO)
Universidade Católica de Salvador – UCSAL (BA)
Universidade de Fortaleza – Unifor (CE)
Universidade de Passo Fundo (RS)
Universidade de Ribeirão Preto (SP)
Universidade de Sorocaba (SP)
Universidade de Taubaté (SP)
Universidade do Estado da Bahia – UNEB (BA)
Universidade do Sul de Santa Catarina (SC)
Universidade do Vale do Itajaí (SC)
Universidade do Vale do Paraíba (SP)
Universidade do Vale do Rio dos Sinos – Unisinos (RS)
Universidade do Vale do Sapucaí (MG)
Universidade Estácio de Sá de Vila Velha (ES)
Universidade Estadual de Londrina – UEL (PR)
Universidade Federal de Goiás (GO)
Universidade Federal de Pernambuco – UFPE (PE)
Universidade Federal de Santa Maria – UFSM (RS)
Universidade Federal de Viçosa – UFV (MG)
Universidade Federal do Rio de Janeiro (RJ)
Universidade Federal Rural de Pernambuco (PE)
Universidade Luterana do Brasil (RS)
Universidade Metodista de São Paulo (SP)
Universidade Metropolitana de Santos (SP)
Universidade Paranaense (PR)
Universidade Paulista (SP)
Universidade Presidente Antônio Carlos (MG)
Universidade Salvador – UNIFACS (BA)
Universidade Tiradentes (SE)
Universidade Tuiuti do Paraná – UTP (PR)

Referências bibliográficas

CAMPOS, Stela. *Guia Valor Econômico de desenvolvimento profissional.* São Paulo: Editora Globo, 2001.

GIACAGLIA, Maria Cecilia. *Organização de eventos*: teoria e prática. São Paulo: Pioneira Thomson Learning, 2006.

_____ *Eventos*: como gerar, estruturar e captar recursos. São Paulo, Cengage, 2007.

Glossário

B2B ou *business to business*: modelo de atividade comercial no qual tanto o vendedor quanto o comprador são representados por pessoas jurídicas.

B2C ou *business to consumer*: modelo de atividade comercial no qual o vendedor é representado por pessoa jurídica e o comprador por pessoa física.

Baby-boom: fenômeno de explosão no crescimento populacional ocorrido no período pós-Segunda Guerra Mundial nos Estados Unidos.

Banners: espécie de faixa desenvolvida em material especial, como o vinil, acrílico, tecido, entre e outros, utilizada para divulgação de determinado evento ou ação de marketing. Caracterizados normalmente por possuir um formato retangular disposto na direção vertical.

Benchmark: estratégia ou atividade de marketing que se tornou referência de mercado graças ao sucesso alcançado.

Best practices: termo inglês para *melhores práticas*. Utilizado para designar práticas, técnicas e métodos que demonstraram maior eficácia do que qualquer outro utilizado quando aplicados em condições semelhantes.

Bottom-up: de baixo para cima. Método de definição de orçamento considerando a somatória dos custos específicos para cada atividade.

Brainstorming: processo empregado na geração de ideias provenientes de um grupo de pessoas para soluções de um problema ou para a criação de produtos ou inovações. Consiste em estimular e coletar ideias dos participantes, sem nenhuma preocupação crítica, até que se esgotem todas as possibilidades.

Briefing: texto em que o cliente apresenta seus objetivos, estratégias e orçamento disponível para a execução, por terceiros, de determinada atividade ou ação de marketing.

Call center: estrutura de telemarketing ativo e passivo utilizada para confirmar por telefone a presença dos convidados do evento.

Check-list: lista das atividades e dos materiais relacionados a determinada ação ou atividade de marketing que deverão ser verificados com antecedência à sua execução para que não sejam esquecidos.

230 Gestão estratégica de eventos

Clipping: levantamento, nos diversos veículos de comunicação, das matérias divulgadas sobre a empresa ou determinado assunto de interesse da empresa. Após o levantamento das matérias é desenvolvido um relatório contendo veículo e data de publicação das matérias acompanhado de sua cópia xerográfica.

Commodities: produtos padronizados, sem diferenciação com vários outros produtos concorrentes, cuja relação oferta-demanda é ditada pelo preço estabelecido pelas empresas.

Expertise: ver *know-how*.

Fee mensal: valor estabelecido, em contrato e por tempo determinado, para a prestação de um serviço específico e que possa ter sua qualidade mensurada mensalmente.

Feedback: retorno verbal ou por escrito de uma avaliação feita sobre determinada atividade ou ação ao responsável pela sua execução.

Follow-up: processo de acompanhamento de qualquer estratégia ou atividade, a fim de verificar que esteja sendo desenvolvida da forma programada.

GAPs: termo em inglês para designar *a diferença entre o que se deseja e o que se tem*. Pode ser um indicador financeiro, uma evolução ou uma percepção.

Know-how: conhecimento aprofundado sobre determinado tema ou assunto, adquirido normalmente por anos de estudo ou experiência técnica.

Logomarca: símbolo, figura, letras e cores que identificam a marca da empresa ou de um produto específico.

Logotipo: ver *logomarca*.

Market-share: participação das vendas de uma empresa ou de seu produto em determinado mercado. É medido em percentual de vendas totais e representa um ótimo indicador de perfomance da empresa comparada aos concorrentes do mesmo segmento.

Mercado-alvo: conjunto de compradores que possuem as mesmas necessidades ou características que a empresa pretende oferecer.

Mídia: canais de comunicação não pessoais, incluindo mídia impressa, como jornais, revistas, etc.; mídias televisivas, rádio e outras alternativas, como *outdoors*, faixas, *banners*, *displays* etc.

Mix de ferramentas de comunicação: conjunto de ferramentas de comunicação utilizadas pela empresa para garantir seus objetivos de marketing. É composto por: propaganda, publicidade, venda pessoal e promoções de vendas.

Network: conjunto de contatos pessoais e profissionais mantido por uma pessoa ou empresa. Pode ser primário, quando são contatos diretos; secundários, quando são contatos diretos dos primários; e assim por diante.

Glossário   **231**

Newsletter: boletim informativo distribuído para assinantes, por meio eletrônico e com frequência regular. Utilizado por empresas com o intuito de divulgar novidades e informações de interesse dos assinantes.

Nicho de mercado: o mesmo que *segmento de mercado*.

P&D: sigla para *Pesquisa & Desenvolvimento*. Atividade conduzida por departamentos especializados ou centros de pesquisa de empresas com o intuito de investigar melhorias em processos, métodos, técnicas ou práticas e para a identificação de inovações para produtos ou serviços da empresa.

Pós-venda: ações empregadas pela empresa junto aos seus novos clientes com o propósito de mantê-los satisfeitos e, portanto, fiéis compradores.

Press-release: redação publicitária utilizada por assessorias de imprensa para divulgar, aos meios jornalísticos, matérias sobre a empresa, seus produtos e serviços.

Prospecção: processo de vendas em que são identificados os potenciais compradores da empresa para um determinado produto.

Prospect: empresas e pessoas com as quais o vendedor obteve o primeiro contato, seja por telefone, pessoalmente ou por e-mail, e que, portanto, são potenciais clientes contatados.

Público-alvo: ver *mercado-alvo*.

Ranking: sistema de classificação ordenada segundo critérios preestabelecidos.

ROI: retorno sobre o investimento, apresentado em valores percentuais do investimento sobre o lucro gerado por determinada ação durante um período de tempo preestabelecido.

Sazonalidade: refere-se às estações do ano e sua relação com a demanda de um produto ou serviço; exemplo: maior procura por sorvete no verão. Por extensão, refere-se a produtos e serviços que têm maior procura em determinadas épocas; exemplo: chocolate na Páscoa.

Segmento de mercado: conjunto homogêneo de consumidores com similaridades quanto a características pessoais, geográficas, necessidades, desejos, comportamento de consumo e outras que os diferenciam de outros grupos.

Share-of-mind: participação de determinada empresa ou produto na mente dos consumidores. É medida em porcentagem, mediante pesquisas junto aos consumidores.

Slogan: frase curta de fácil memorização, utilizada para rápida identificação de uma empresa, produto ou serviço. Pode ser escrita, visual ou composta em forma de música.

Turnover: rotatividade. Refere-se à relação, em termos percentuais, entre admissões e demissões ou à taxa de substituição de trabalhadores antigos por novos de uma empresa.

232 Gestão estratégica de eventos

Valor agregado: adição de valor a um produto ou serviço da empresa, segundo a percepção dos clientes, com o objetivo de se diferenciar dos concorrentes.

VIP: *very important people*. É uma sigla para identificar aqueles clientes ou potenciais clientes que possuem maior importância, geralmente financeira, para a empresa.

VoIP: termo inglês para *voz sobre IP*. Funciona como um telefone na internet, para fazer ligações e receber chamadas de telefones fixos, celulares e outros computadores no mundo todo.